RENÉ DESCARTES

Discurso sobre o método:

para bem conduzir a razão e buscar a verdade na ciência

RENÉ DESCARTES
Discurso sobre o método:
para bem conduzir a razão e buscar a verdade na ciência

Tradução

Ana C. Moura

SÃO PAULO, 2025

Discurso sobre o Método: para bem conduzir a razão e buscar a verdade na ciência

Copyright © 2025 by Novo Século Ltda.

DIRETOR EDITORIAL: Luiz Vasconcelos
PRODUÇÃO EDITORIAL: Érica Borges Correa e Graziele Sales
PREPARAÇÃO: Angélica Mendonça
REVISÃO: Paola Sabbag Caputo
TRADUÇÃO: Ana C. Moura
PROJETO GRÁFICO E DIAGRAMAÇÃO: Manoela Dourado
CAPA: Mouses Sagiorato

Texto de acordo com as normas do Novo Acordo Ortográfico da Língua Portuguesa (1990), em vigor desde 1º de janeiro de 2009.

Dados Internacionais de Catalogação na Publicação (CIP)
Angélica Ilacqua CRB-8/7057

Descartes, René, 1594-1650
  Discurso sobre o método : para bem conduzir a razão e buscar a verdade na ciência / René Descartes ; tradução de Ana C. Moura. -- Barueri, SP : Novo Século Editora, 2025.
  176 p. : il.

ISBN 978-65-5561-824-2
Título original: Discourse on the method of rightly conducting the reason, and seeking truth in the sciences

1. Filosofia francesa I. Título II. Moura, Ana C.

24-2809   CDD 194

Índice para catálogo sistemático:
1. Filosofia francesa

Alameda Araguaia, 2190 – Bloco A – 11º andar – Conjunto 1111 – CEP 06455-000 – Alphaville Industrial, Barueri – SP – Brasil
Tel.: (11) 3699-7107 | E-mail: atendimento@gruponovoseculo.com.br
www.gruponovoseculo.com.br

Prefácio do autor

Se este discurso parecer muito longo para ser lido de uma só vez, é possível dividi-lo em seis partes: na primeira, serão encontradas várias considerações relativas às Ciências; na segunda, as principais regras do Método descoberto; na terceira, algumas das regras de moral deduzidas desse Método; na quarta, os raciocínios pelos quais estabelecemos a existência de Deus e da alma humana, que são os fundamentos de nossa Metafísica; na quinta, a ordem das questões naturais que investigamos e, mais especificamente, a explicação sobre o funcionamento do coração e sobre algumas outras dificuldades relativas à Medicina, assim como a diferença entre a alma dos homens e a dos animais; e, por último, o que acreditamos ser necessário para um maior avanço na investigação da Natureza em relação ao que foi feito até agora, com os motivos que nos induziram a pensar isso.

PAR

TE I

De todas as coisas do mundo, o bom senso é aquilo mais distribuído igualmente entre os homens; todos se consideram providos dele com tanta abundância, que, mesmo aqueles que não costumam se dar por satisfeitos facilmente, em geral não desejam uma medida maior dessa qualidade do que já têm. E é improvável que todos estejam enganados em relação a isso; a convicção deve antes ser considerada uma prova de que o poder de julgar de forma correta e de distinguir a verdade do erro – exatamente o que se chama bom senso ou razão – é, por natureza, igual entre todos os homens, e, por consequência, a diversidade de nossas opiniões não surge de alguns serem dotados de uma parcela maior de razão do que outros, mas unicamente do fato de que conduzimos nossos pensamentos por caminhos diferentes e não fixamos nossa atenção nos mesmos objetos. Não basta ter uma mente vigorosa; o principal requisito é usá-la bem. As maiores mentes, por serem capazes das mais altas virtudes, estão igualmente sujeitas aos maiores vícios; e, desde que se mantenham sempre no caminho certo, aqueles que viajam mais devagar podem fazer progressos muito maiores do que os que, correndo, distanciam-se dessa rota.

Quanto a mim, nunca achei que minha mente fosse em qualquer aspecto mais perfeita do que as demais; pelo contrário, muitas vezes desejei ser igual a certas pessoas em velocidade de pensamento, ou em clareza e capacidade de imaginação, ou em extensão e rapidez de memória. E, além dessas, não conheço outras qualidades que contribuam para a perfeição da mente; quanto à razão (ou ao bom senso) – na medida em que é somente isso que nos constitui seres humanos e nos distingue dos animais –, quero acreditar que podemos encontrá-la completa em todos os indivíduos e que podemos, nesse sentido, adotar a opinião comum dos filósofos, os quais dizem que a diferença entre maior e menor existe apenas por acaso – ela não existe, em forma ou em natureza, entre indivíduos da mesma espécie.

Não hesitarei, entretanto, em confessar a crença em minha singular sorte de ter ido parar, desde muito cedo na vida, em certos caminhos responsáveis por me conduzir a considerações e máximas a partir das quais formei um método que, a meu ver, me dá os meios para gradualmente aumentar meu conhecimento, até chegar ao auge que a mediocridade de meus talentos e a breve duração de minha vida me permitirão alcançar. Já colhi da vida tantos frutos, que, apesar de acostumado a me enxergar com bastante modéstia – e embora, ao olhar com a perspectiva de filósofo para os variados rumos e atividades da humanidade em geral, dificilmente encontre alguma coisa que não pareça vã e inútil –, obtenho a maior satisfação do progresso que considero já ter feito, na busca pela verdade. E não posso deixar de nutrir muitas expectativas sobre o futuro – a ponto de ousar acreditar que, se existe algum ofício realmente excelente e importante entre aqueles escolhidos pelos seres humanos, esse ofício é o que eu escolhi.

No fim das contas, é possível que eu esteja enganado e talvez esteja considerando como ouro e diamante apenas um punhado de pirita e zircônia. Sei o quanto estamos sujeitos à ilusão no que diz respeito a nós mesmos, e também o quanto nossos amigos são suspeitos quando fazem juízos em nosso favor. Mas neste discurso tentarei descrever os caminhos que segui e tentarei representar minha vida como num quadro, para que cada um possa também julgar esses raciocínios por conta própria e para que, a partir da opinião geral, eu mesmo tenha um novo meio de me instruir, somado àqueles que costumo empregar.

Meu objetivo atual, então, não é ensinar o Método que cada um deve adotar para bem conduzir a própria razão, mas apenas descrever a maneira como procurei proceder em relação à minha. Os que se propõem a estabelecer preceitos devem, é claro, considerar-se dotados de maior habilidade do que as pessoas a quem elas os prescrevem e, se errarem em um mínimo detalhe sequer, são responsabilizados por isso. Mas, como este tratado é apresentado apenas como uma história – ou, se preferir, uma fábula na qual, entre alguns exemplos dignos de imitação, talvez sejam encontrados tantos outros que seria aconselhável não seguir –, espero que ele seja útil para alguém (não prejudique ninguém) e que minha franqueza agrade a todos.

Tenho familiaridade com as letras desde a infância; e, como fui levado a acreditar que com elas eu poderia adquirir um conhecimento claro e certo de tudo o que há de útil na vida, desejei ardentemente ser instruído.

Mas, assim que terminei os estudos – ao final dos quais costumamos ser admitidos no rol dos eruditos –, mudei completamente de opinião. Eu me vi envolvido em tantas dúvidas e tantos erros que em todas as tentativas de aprendizado só conseguia perceber cada vez mais minha própria ignorância. No entanto, eu estava estudando numa das escolas mais famosas da Europa, onde pensei que haveria homens instruídos, se é que eles existiam em algum lugar. Lá aprendi tudo o que outros aprenderam e, não satisfeito com as Ciências que realmente nos ensinavam, ainda li todos os livros que chegavam às minhas mãos e tratavam dos assuntos considerados os mais curiosos e raros. Eu sabia do julgamento que outras pessoas faziam de mim, mas não achava que seria visto como inferior por meus companheiros, embora alguns deles já estivessem designados para ocupar a posição de nossos mestres. Em suma, nossa época parecia-me tão fértil e tão próspera (em mentes poderosas) como qualquer outra. Assim, fui tomando a liberdade de julgar por conta própria todos os outros homens e concluí que não existia no mundo nenhuma ciência igual ao que eu tinha sido anteriormente levado a acreditar.

Continuei levando em conta, porém, os estudos acadêmicos. Estava ciente de que as línguas ensinadas eram necessárias à compreensão de obras antigas; de que a graça da fábula desperta a mente; de que os feitos memoráveis da história elevam o espírito e, se lidos com moderação, auxiliam na formação do discernimento; de que uma leitura atenta de todos os bons livros é, digamos assim, uma conversa com as pessoas mais nobres que outrora os escreveram, além de ser até mesmo uma conversa estudada, na qual nos são revelados seus melhores pensamentos; de que a eloquência tem força e beleza incomparáveis; de que a poesia tem charmes e delícias arrebatadoras; de que na Matemática existem muitas descobertas refinadas, capazes tanto de satisfazer os curiosos, quanto de viabilizar todas as artes e diminuir o trabalho humano; de que numerosos ensinamentos e exortações altamente úteis à virtude estão contidos em tratados de moral; de que a Teologia aponta o caminho para o céu; de que a Filosofia proporciona os meios para falar sobre praticamente todos os assuntos, inspirando admiração nos menos eruditos; de que a jurisprudência, a Medicina e as outras Ciências garantem honras e riquezas a quem as cultiva; em suma, de que é válido analisar todo tipo de estudo

– mesmo os mais sujeitos a superstições e erros –, para que possamos determinar seu real valor e evitar ser enganados.

Eu acreditava que já havia dedicado tempo suficiente ao estudo das línguas e à leitura das obras antigas, bem como às histórias e fábulas. Conversar com pessoas de outras épocas e viajar é quase a mesma coisa, afinal. É útil conhecer um pouco sobre a cultura das diferentes nações, a fim de termos um discernimento mais acertado sobre os nossos próprios costumes e de não pensarmos que tudo o que os contraria é ridículo e irracional – uma conclusão geralmente tirada por aqueles que pouco conhecem do mundo. Por outro lado, quando passamos muito tempo viajando, acabamos nos tornando estrangeiros de nosso próprio país, e os que têm mais curiosidade sobre a cultura do passado tendem a ignorar a cultura do presente. Além disso, as narrativas fictícias nos levam a cogitar a possibilidade de muitos acontecimentos impossíveis, e até as histórias mais verossímeis, se não alteram ou exageram a importância dos fatos para tornar o relato mais digno de leitura, quase sempre omitem as circunstâncias mais insignificantes e menos marcantes. Portanto, o restante da descrição acaba não representando a verdade, e aqueles que baseiam sua moral nos exemplos extraídos de fontes assim ficam propensos a cair nas extravagâncias dos paladinos nos romances e a adotar para si objetivos que excedem a própria capacidade.

Eu tinha grande estima pela eloquência e era apaixonado pela poesia, mas pensava que ambas eram dons, não frutos vindos do estudo. As pessoas que têm a faculdade da razão como predominante e que melhor processam os próprios pensamentos (a fim de torná-los claros e inteligíveis) são sempre as mais capazes de persuadir os outros a respeito daquilo que propõem, embora provavelmente falem apenas a língua da Baixa Bretanha[1] e nada saibam sobre retórica. Já aquelas que têm a imaginação mais fértil e conseguem expressá-la com mais beleza e harmonia são os melhores poetas, embora não conheçam a arte da poesia.

Eu gostava especialmente da Matemática (por causa da certeza e da previsibilidade

---

1 Baixa Bretanha refere-se à região do oeste da França, e a nomenclatura serve para diferenciá-la melhor da região da Alta Bretanha (ou Grã-Bretanha), ilha que hoje abrange Inglaterra, Escócia e País de Gales. O idioma predominante na Baixa Bretanha é o bretão, derivado de línguas célticas. Não nos esqueçamos do fato de Descartes ser francês, portanto faz sentido que sua comparação se dê em relação ao próprio país. [N. T.]

nos raciocínios dessa Ciência), mas ainda não percebia sua verdadeira utilidade e, pensando que ela servia apenas para as artes mecânicas[2], fiquei surpreso ao constatar que nada de mais elevado tinha sido construído sobre alicerces tão firmes e sólidos como aqueles. Ao contrário, comparava escritos dos antigos pagãos a respeito da Moral com palácios que, apesar de muito imponentes e magníficos, eram fundados apenas em cimento e areia: esses escritos antigos têm as virtudes em alta conta e os colocam muito acima de qualquer coisa no mundo, mas não nos dão nenhum parâmetro adequado para conhecê-los bem

---

2 Artes mecânicas se referem a uma área da ciência prática, que abrange a imitação da Natureza segundo técnicas e tradições antigas. No Medievo, podiam incluir, por exemplo, a fabricação têxtil, a navegação, a agricultura e a Medicina. [N.T.]

– assim, aquilo que frequentemente recebe um nome tão belo, na verdade, não passa de apatia, orgulho, desespero, parricídio.

Eu reverenciava nossa Teologia e almejava alcançar o céu tanto quanto qualquer um, mas aprendi, com bastante certeza, que as verdades reveladas – aquelas que fazem o ser humano ir para o céu – estão acima de nossa compreensão e que a porta do Paraíso é igualmente estreita aos mais ignorantes e aos mais eruditos. Então, não ousava submeter essas verdades à impotência de minha razão e pensava que, para começar a examiná-las de forma bem-sucedida, era necessário ter alguma ajuda especial do céu e ser mais do que um homem.

Da Filosofia nada direi, exceto que, visto que ela foi cultivada durante muitos séculos pelas mentes mais ilustres e ainda não há nada ali que não esteja em disputa ou que consequentemente não seja duvidoso, eu não tinha vaidade o suficiente para esperar encontrar ali pessoas melhores que as outras; além disso, quando considerei o número de opiniões conflitantes (embora só possa haver uma verdadeira) sobre um único assunto que podem ser defendidas por homens instruídos, considerei quase falso tudo o que era apenas provável.

Quanto às outras Ciências, na medida em que elas pegam emprestados da Filosofia os próprios princípios, julguei que nada sólido poderia ser erguido sobre fundações tão frágeis. Nem a honra, nem o ganho que essas Ciências prometem eram suficientes para me convidar a aprendê-las – eu não estava, graças a Deus, em uma condição que me obrigasse a exercer a ciência como ofício (para minha sorte) e, embora não professasse desprezo à glória, como um cínico, ainda assim fiz bem pouco-caso daquilo que só esperava adquirir por meio de falsos títulos. Em última análise, pensei conhecer o valor das doutrinas ruins o bastante para não ser enganado pelas promessas de um alquimista, pelas previsões de um astrólogo, pelos truques de um mágico ou pelos artifícios e exibicionismos de qualquer um que afirme saber mais do que de fato sabe.

Por essas razões, assim que atingi a idade para me desvencilhar da subordinação a meus instrutores, abandonei totalmente o estudo das letras e resolvi não buscar mais qualquer outra ciência além do autoconhecimento ou do grande livro da vida. Passei o resto da juventude viajando, visitando cortes e exércitos, tendo contato com homens de diferentes jeitos e condições sociais, colecionando experiências variadas, vivendo os encontros proporcionados pelo acaso e, principalmente, refletindo sobre tudo o que se apresentava em minha vida e do que eu pudesse tirar proveito. Parecia-me que eu deveria identificar muito mais verdade nos pensamentos das pessoas em relação aos assuntos que lhes são importantes e cujo acontecimento provavelmente as punirá de imediato caso elas tenham julgado errado. Eu deveria identificar mais verdade ao menos em comparação com aqueles raciocínios que os homens das letras têm durante seu ofício a respeito de especulações despropositadas e que não trazem consequências além de, talvez, fomentar sua vaidade, à medida que se distanciam ainda mais do bom senso, pois eles deverão se valer de maior engenhosidade e recurso para torná-los plausíveis. Além disso, sempre tive um extremo desejo de saber distinguir o verdadeiro do falso para poder discernir claramente minhas ações e prosseguir a vida com confiança.

É verdade que, enquanto me ocupava em apenas considerar os costumes de outros homens, não encontrei praticamente nada que me passasse segurança e notei entre eles quase tanta diversidade quanto entre as opiniões dos filósofos. Desse modo, a maior vantagem que tirei do estudo consistiu nisto: observando muitas coisas que, embora nos pareçam extravagantes e ridículas, não deixam de ser comumente recebidas e aprovadas por outras grandes nações, aprendi a não nutrir uma crença muito forte em relação a nada do que me é ensinado apenas pelo exemplo e pelo costume. Assim, aos poucos

Para bem conduzir a razão e buscar a verdade na ciência

me livrei de vários erros capazes de ofuscar nossa inteligência e nos impedir de ouvir a razão. Mas, depois de ter passado alguns anos estudando o grande livro da vida e tentando adquirir alguma experiência, um dia resolvi estudar a mim mesmo e empregar todos os esforços para escolher os caminhos a seguir (isso me parece bem melhor do que se eu nunca tivesse me afastado de meu país ou de meus livros).

PART

Eu estava então na Alemanha, atraído pelas guerras que ainda não haviam terminado, e, quando estava voltando para o exército após a coroação do imperador, o início do inverno me prendeu em um distrito onde, não encontrando nada que me agradasse e felizmente sem ter quaisquer preocupações ou paixões que me perturbassem, permaneci o dia inteiro em reclusão, com o tempo todo livre para me ocupar com meus próprios pensamentos. Um dos primeiros que me ocorreram foi que raramente há tanta perfeição em obras compostas por muitas partes, feitas a diferentes mãos, quanto aquelas concluídas por um único mestre. Assim, é possível observar que os edifícios projetados e executados por um único arquiteto costumam ser mais bonitos e organizados do que aqueles que vários tentaram melhorar, aproveitando velhas paredes originalmente construídas para outros fins. Da mesma forma, aquelas cidades antigas que de início eram apenas vilarejos e foram se tornando grandes com o passar do tempo são, em geral, mal organizadas em comparação com os lugares planejados em planícies. Desse modo, embora muitas vezes encontremos igual beleza entre esses dois tipos de local, diríamos que foi mais o acaso (e não a vontade humana guiada pela razão) que os dispôs dessa maneira, como a tortuosidade e a irregularidade das ruas, por exemplo. E, se considerarmos que sempre houve certos oficiais encarregados de cuidar para que os edifícios privados contribuíssem para o ornamento público, bem reconheceremos a dificuldade de alcançar alta perfeição apenas com os materiais de outros para operar. Da mesma forma, concluí que aqueles povos que, partindo de um estado semibárbaro e avançando aos poucos para a civilização, só faziam leis conforme a inconveniência dos crimes e das disputas os obrigavam; então, não poderiam ter instituições tão fortes quanto aquelas comunidades que, desde o início, contaram com regulamentações vindas de legisladores sábios. É, portanto, bastante certo que os preceitos da verdadeira religião – cujas ordenanças derivam de Deus – devem ser incomparavelmente superiores aos de qualquer outra. E, para falar dos assuntos humanos, creio que, por exemplo, se Esparta já foi bastante próspera, não foi exatamente devido à benevolência de suas leis (até porque muitas delas eram bem estranhas e mesmo contrárias aos bons costumes), mas ao fato de que, originadas de um único lugar, apontavam para um mesmo fim. Constatei, ainda, que as Ciências dos livros (pelo menos aquelas constituídas por raciocínios prováveis, mas sem comprovações), compostas e pouco a pouco ampliadas pelas opiniões de muitos indivíduos diferentes, não estão mais próximas da verdade do que as inferências simples que um homem sensato pode fazer naturalmente a respeito do que se apresenta a ele. E, porque todos nós fomos crianças antes de sermos adultos e por muito tempo fomos governados por nossos desejos e mestres (frequentemente conflitantes e nem sempre capazes, nenhum deles, de nos aconselhar bem), também concluí que é quase impossível nossos julgamentos serem tão puros ou sólidos como haveriam sido se tivéssemos feito pleno uso de nossa razão desde nosso nascimento e se sempre tivéssemos sido guiados apenas por ela.

É verdade, porém, que não é costume demolir todas as casas de uma cidade com o único propósito de reconstruí-las de maneira diferente e, assim, tornar as ruas mais bonitas; mas muitas vezes acontece de alguém mandar demolir a própria casa para reconstruí-la ou ser até obrigado a fazer isso quando a casa corre o risco de cair devido ao tempo ou quando os alicerces não estão muito firmes. Tendo esse exemplo diante de mim, eu me convenci de que seria de fato absurdo que um indivíduo pensasse em reformar um Estado, alterando-o fundamentalmente e derrubando-o, a fim de alterá-lo – e o mesmo se aplica a qualquer projeto semelhante de reforma das Ciências ou da ordem de ensino estabelecida nas escolas. Mas, quanto às opiniões que até então eu havia abraçado, pensei que não havia nada melhor do que me comprometer a removê-las de uma vez por todas para que depois eu pudesse assumir posicionamentos melhores (ou talvez os mesmos, quando tivessem passado pelo escrutínio da razão). Eu acreditava firmemente que dessa forma levaria minha vida muito melhor do que se apenas a construísse sobre velhos alicerces e me apoiasse em princípios que, quando jovem, eu havia adotado com tanta confiança, sem nunca ter parado para analisar se eram verdadeiros. Embora eu reconhecesse várias dificuldades em fazer isso, elas tinham solução e nem sequer se comparavam com os desafios que envolvem a menor das reformas nos assuntos públicos. É muito difícil reerguer grandes corpos uma vez derrubados ou mesmo mantê-los em pé uma vez abalados seriamente – além disso, a queda deles é sempre desastrosa. Então, se houver quaisquer imperfeições nos Estados (e a diversidade deles é por si só suficiente para nos mostrar que essas imperfeições existem), o costume sem dúvida suavizou bastante seus inconvenientes e conseguiu até mesmo evitar por completo ou corrigir imperceptivelmente alguns problemas, algo que a prudência não teria alcançado com igual efeito. Por fim, os defeitos são quase sempre mais toleráveis do que a mudança necessária para os resolver, da mesma maneira que as estradas que serpenteiam montanhas tornam-se gradualmente tão suaves e tão cômodas, que é muito melhor seguir por elas (escalando os topos das rochas e descendo até o fundo dos precipícios) do que tentar ir por um caminho mais reto.

É por isso que não posso, de forma alguma, aprovar aquelas pessoas de temperamento inquieto e confuso que não são chamadas a participar da gestão dos assuntos públicos – nem por nascimento, nem por fortuna –, mas estão sempre a projetar reformas. Se eu achasse que neste tratado há qualquer indício de que fui vítima de tal loucura, eu lamentaria muito caso ele fosse publicado. Meu intuito sempre foi rever meus próprios pensamentos e baseá-los em um fundamento inteiramente meu. Embora a autossatisfação com meu trabalho me tenha levado a apresentar aqui um esboço dele, não recomendo que ninguém tente algo semelhante. Aqueles que foram mais agraciados por Deus talvez tenham desígnios mais elevados, mas temo que para muitos até meu empreendimento já seja deveras ousado. A resolução única de despojar-se de todas as crenças passadas não é um exemplo a ser seguido por todos; o mundo é composto por dois tipos de pessoas, e para nenhuma delas esse desígnio seria adequado. Em primeiro lugar, há aquelas que, considerando-se mais inteligentes do que são, tornam-se precipitadas em seus julgamentos e não têm paciência o suficiente para pôr todos os pensamentos em ordem – assim, se as pessoas desse grupo tomarem, uma vez que seja, a liberdade de duvidar dos próprios princípios e se desviarem do caminho que estão acostumadas a percorrer, elas nunca serão capazes de trilhar a rota que as levaria à retidão e, assim, permaneceriam perdidas por toda a vida. Em segundo lugar, há aqueles indivíduos que têm razão ou modéstia o bastante, mas acabam se julgando menos capazes de distinguir o verdadeiro do falso e, portanto, acham que devem ser instruídos por quem seja melhor nisso – contentam-se em seguir as opiniões dessas outras pessoas em vez de procurarem por si mesmos os melhores posicionamentos.

De minha parte, eu sem dúvida teria pertencido ao último grupo, se tivesse recebido instrução de apenas um mestre ou se nunca tivesse conhecido as diversidades de opinião que sempre existiram entre os mais eruditos. Mas desde a faculdade aprendi que não seria possível imaginar nenhuma opinião absurda e incrível que não tenha sido dita por algum filósofo e, a partir de então, ao longo das minhas viagens, observei que os que têm pontos de vista muito contrários aos nossos não são bárbaros e selvagens por causa disso – pelo contrário, muitos usam a razão tão bem ou melhor que nós. Levei em conta também que uma mesma pessoa, se criada desde a infância na França ou na Alemanha, torna-se diferente do que teria sido se tivesse passado a vida inteira entre chineses ou canibais, e ainda constatei como até na moda o que nos agradou há dez anos (e talvez volte a nos agradar daqui a dez anos) neste momento nos parece extravagante e de certa forma ridículo. Assim, concluí que nossas opiniões são formadas muito mais pelo costume e pelo exemplo do que por qualquer conhecimento certo e observei que, apesar disso, não há garantia para verdades um pouco difíceis de descobrir, pois é muito mais provável que elas sejam encontradas por um único homem do que por um povo inteiro. Não pude, contudo, escolher ninguém cujas opiniões parecessem dignas de preferência, então me vi obrigado, por assim dizer, a me comprometer a conduzir minha própria vida.

Contudo, como alguém que caminha sozinho na escuridão, resolvi prosseguir tão devagar e com tanta prudência, que, se avançasse pouco, pelo menos me protegeria contra quedas. Eu nem sequer queria rejeitar sumária e completamente qualquer uma das opiniões que se infiltraram em minha crença sem terem sido introduzidas pela razão, até que eu tivesse passado tempo suficiente elaborando o projeto do trabalho que estava para começar e buscando o verdadeiro

Método para alcançar o conhecimento de tudo o que eu seria capaz.

Quando eu era mais jovem, entre os ramos da Filosofia, havia estudado um pouco de lógica e, entre os ramos da Matemática, a análise geométrica e a álgebra – três artes ou Ciências que, a meu ver, de alguma forma contribuíam para o meu propósito. Mas, ao examiná-las, notei que, para a lógica, os silogismos e a maioria dos outros preceitos servem, sobretudo, para explicar às pessoas o que já sabemos ou mesmo – como a arte de Lully[3] – para falar sem julgamento de coisas que ignoramos e para aprendê-las. E, embora essa ciência contenha de fato uma série

---

3 O autor provavelmente se refere a Jean-Baptiste de Lully, ou Giovanni Battista Lulli, compositor italiano do século XVII, naturalizado francês (daí a diferença na grafia do nome do autor). [N. T.]

de preceitos corretos e excelentes, existem tantos outros (prejudiciais ou supérfluos) misturados, que separar o verdadeiro do falso é quase tão difícil quanto esculpir do zero uma Diana ou uma Minerva a partir de um bloco de mármore[4]. Quanto à análise geométrica dos antigos e à álgebra dos modernos, além de abrangerem apenas questões altamente abstratas e aparentemente inúteis, a primeira está tão exclusivamente restrita à consideração de figuras que só é possível compreendê-la à custa de muita imaginação;

---

4 Na mitologia romana, Diana e Minerva são, respectivamente, as correspondências de Ártemis (deusa da caça e da lua) e Atena (deusa da sabedoria e das artes), na mitologia grega. As vestes de ambas por vezes são retratadas com muitos drapeados e alto nível de detalhamento, por isso a analogia usada pelo autor para se referir à complexidade da ação descrita – quase como "tirar leite de pedra". [N. T.]

já no caso da segunda, estamos tão sujeitos a certas regras e fórmulas, que temos uma arte cheia de confusão e obscuridade e nos embaralha as ideias, em vez de uma ciência adequada para nos aperfeiçoar a mente. Isso me fez pensar que era necessário procurar algum outro método que compreendesse as vantagens dos três e fosse isento de seus defeitos. Assim como uma infinidade de leis muitas vezes somente fornece justificativa para os vícios, um Estado é mais bem governado quando as poucas leis existentes são criteriosamente aplicadas; da mesma maneira, em vez do grande número de preceitos que compõem a lógica, eu acreditava que os quatro seguintes seriam perfeitamente suficientes para mim, desde que tomasse a firme e inabalável decisão de nunca, nem uma vez sequer, deixar de observá-los.

O primeiro era nunca aceitar como verdadeiro nada que eu não soubesse claramente ser tal, ou seja, evitar – com cuidado – a precipitação e o preconceito, além de não incluir nada mais em meu julgamento daquilo que me foi apresentado de forma tão clara e distinta que excluísse qualquer possibilidade de dúvida.

O segundo, dividir cada uma das dificuldades em exame no maior número de partes possível, tantas vezes quanto fosse necessário para melhor resolvê-las.

O terceiro consistia em ordenar meus pensamentos, começando pelos objetos mais simples e fáceis de conhecer, a fim de ascender pouco a pouco, passo a passo, até o conhecimento dos mais complexos, supondo até mesmo a ordem daqueles objetos que, por natureza, não estão em uma relação de antecedência e sequência.

Por fim, o último preceito tinha a ver com fazer enumerações tão completas em todos os casos, bem como realizar revisões tão gerais que eu pudesse ter certeza de que nada foi omitido.

As longas cadeias de raciocínios simples e fáceis, que os geômetras estão habituados a utilizar para chegar às conclusões das demonstrações mais difíceis, levaram-me a imaginar que todas as coisas sujeitas ao conhecimento dos seres se sucedem da mesma maneira, no mesmo sentido; portanto, não pode haver nada tão distante que esteja fora de nosso alcance, tampouco nada tão escondido que não possamos descobrir – desde que não tomemos como verdadeiro aquilo que não é e preservemos sempre a ordem necessária para deduzi-los uns a partir dos outros. Tive pouca dificuldade em determinar os objetos com os quais era necessário começar, pois já estava convencido de que deveria ser o mais simples e fácil de conhecer. Além disso, considerando que, de todos aqueles que até agora procuraram a verdade nas Ciências, só os matemáticos foram capazes de encontrar algumas demonstrações (isto é, razões certas e evidentes), não tive dúvida de que essa deveria ter sido a regra das investigações deles – entretanto, não esperava nenhuma outra utilidade, exceto que essas demonstrações acostumassem minha mente a se regozijar com verdades, sem se contentar com falsas razões. Por esse motivo, eu não tinha intenção de tentar dominar todos os ramos do conhecimento comumente denominados Matemática, visto que, por mais diferentes que sejam seus objetos, todos concordam em considerar apenas as várias relações ou proporções encontradas entre eles. Assim, pensei que seria melhor examinar essas proporções da forma mais geral possível, sem referi-las a quaisquer objetos em particular (exceto aqueles que mais facilitariam o conhecimento) e sem restringi-las a eles de forma alguma – assim, depois, eu poderia aplicá-los melhor a todos os outros aos quais seriam adequados. Percebendo também que, para compreender essas relações, às vezes eu precisaria considerar as proporções uma por uma e às vezes precisaria apenas tê-las em mente ou entendê-las no todo, concluí que deveria imaginá-las em linha reta a fim de melhor considerá-las individualmente, pois não encontraria nada mais simples, tampouco que pudesse ter uma representação mais distinta para minha imaginação e meus sentidos (por outro lado, retê-los na memória ou compreender vários deles no todo implica expressá-los em números da maneira mais breve possível).

A partir disso, eu acreditava que poderia pegar emprestado tudo o que havia de melhor tanto na análise geométrica quanto na álgebra, assim como poderia corrigir todos os defeitos de uma com a ajuda da outra.

De fato, ouso dizer que a observância rigorosa desses poucos preceitos me deu tanta facilidade em desvendar todas as questões abrangidas por essas duas Ciências, que, nos dois ou três meses durante os quais me dediquei a examiná-las — tendo começado pelos pontos mais simples e gerais, com cada verdade encontrada servindo para descobrir as demais —, não só solucionei vários problemas que considerava extremamente difíceis, como no final eu também parecia capaz de saber por qual meio e em que medida era possível encontrar a solução até mesmo para os casos que me eram mais desconhecidos.

Para bem conduzir a razão e buscar a verdade na ciência

Talvez isso não soe demasiado presunçoso se considerarmos que, havendo para tudo apenas uma verdade, quem a encontra sabe o máximo que se pode conhecer sobre aquilo. Por exemplo, provavelmente a criança que recebeu lições de aritmética e fez uma adição específica de acordo com as regras dessa área terá certeza de que encontrou, em relação à soma dos números diante de si, tudo o que a mente humana é capaz. Isso ocorre porque o método que ensina a seguir a verdadeira ordem e a enumerar com exatidão todas as circunstâncias daquilo que se procura contém o que dá certeza às regras da aritmética.

Mas minha principal satisfação com esse método foi a segurança para exercer a razão em todos os assuntos – se não com perfeição, pelo menos da melhor forma que me era possível. Eu também sabia que, ao praticar esse método, minha mente estaria gradualmente se habituando a concepções mais claras e distintas de seus objetos, e, justamente por não ter restringido esse Método a nenhuma área específica, eu prometi a mim mesmo aplicá-lo aos desafios das outras Ciências com igual afinco e da maneira como fiz com a álgebra. Contudo, nem por isso eu ousei me aventurar imediatamente à tarefa de analisar todas as dificuldades das Ciências que se me apresentavam, pois fazê-lo contrariaria a ordem prescrita pelo próprio Método. Ainda assim, considerando que os princípios deste eram emprestados da Filosofia – e nesta eu não havia encontrado nada de definitivo –, achei necessário tentar estabelecer alguns antes de qualquer coisa. Essa era a questão mais importante de todas, aquela em relação à qual a precipitação e a antecipação no julgamento eram mais temidas; então entendi que não deveria me comprometer a enfrentá-la até que eu estivesse mais maduro (naquela época, estava com apenas 23 anos). Eu já estava me preparando para isso havia bastante tempo – arrancando de minha mente os pensamentos ruins que me haviam sido transmitidos até então, colecionando diversas experiências que servissem de substrato para meus raciocínios e constantemente praticando o Método que eu havia escolhido, a fim de consolidá-lo cada vez mais.

PART

E III

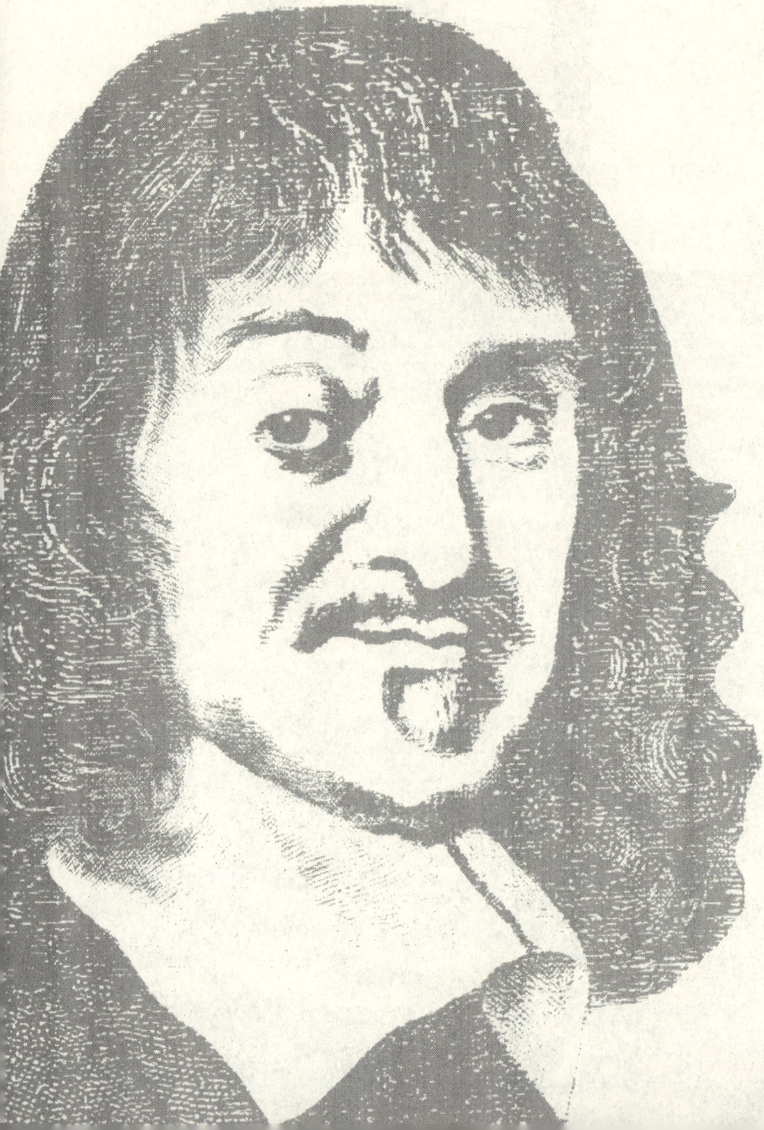

Finalmente, como se não bastasse, antes de começarmos a reconstruir o lar onde vivemos, antes de ele ser demolido e de serem fornecidos materiais e construtores, antes mesmo de trabalharmos na obra por conta própria, conforme o projeto que cuidadosamente traçamos, mas também considerando ser necessário providenciar algum outro lugar onde possamos nos acomodar confortavelmente durante as operações, formei um código de provisório, composto de três ou quatro máximas, a fim de não permanecer indeciso em minhas ações, enquanto a razão me compele a suspender meus julgamentos, e a fim de não deixar de viver dali em diante o mais feliz possível. Desejo compartilhar com vocês as máximas desse código moral.

A primeira era obedecer às leis e aos costumes de meu país, continuando a seguir firmemente a fé na qual, pela graça de Deus, fui educado desde a infância e regulando minha conduta em todas as outras questões de acordo com opiniões mais moderadas, mais distantes dos extremos – na prática, elas eram comumente recebidas pelos mais sensatos daqueles com quem eu teria de conviver. Como, a partir de então, tinha começado a defender em vão as minhas próprias opiniões (pois queria submetê-las todas a exame), eu tinha certeza de que não conseguiria fazer algo melhor do que seguir as opiniões dos mais criteriosos. E, embora haja talvez entre os persas e os chineses alguns tão sensatos quanto entre nós, parecia-me que o mais útil era ajustar minha prática de acordo com as opiniões daqueles com quem eu precisaria conviver e parecia-me também que, para saber quais eram as verdadeiras opiniões deles, primeiro eu deveria prestar mais atenção ao que praticavam do que ao que diziam. Não apenas porque, em nossa corrupção moral, há poucas pessoas dispostas a falar exatamente tudo aquilo em que acreditam, mas também porque muitas sequer têm consciência disso – como o ato mental com o qual acreditamos em alguma coisa é diferente daquele pelo qual sabemos que acreditamos, um muitas vezes caminha sem o outro. Além disso, entre muitas opiniões igualmente recebidas, escolhi sempre as mais moderadas, tanto porque são sempre as mais convenientes para a prática – e provavelmente as melhores, pois todo excesso costuma ser ruim – como porque, no caso de eu falhar, estaria menos distante da verdade do que se, escolhendo um dos extremos, devesse ter seguido o outro caminho. Coloquei na classe dos extremos todas as promessas pelas quais algo da nossa liberdade é tirado. Não que eu desaprovasse as leis que, para prevenir a instabilidade de pessoas fracas de espírito, permitem que façamos votos e contratos que obriguem o compromisso das partes em nome de garantir a segurança comercial, realizar bons propósitos ou mesmo assumir objetivos que não fazem diferença alguma. Mas porque não encontrei nada no mundo que permanecesse igual e porque, para meu próprio bem, prometi aperfeiçoar meus julgamentos cada vez mais e não permitir que eles piorassem. Eu teria considerado um grave erro contra o bom senso se, por ter aprovado algo em determinado momento, comprometesse-me a continuar considerando-o adequado depois, mesmo quando tivesse deixado de ser assim ou eu tivesse deixado de considerá-lo dessa forma.

Minha segunda máxima era ser o mais firme e resoluto possível em minhas ações e com a mesma constância aderir às opiniões mais duvidosas uma vez que eu as tivesse determinado, e não quando elas fossem altamente certas. Imitando o exemplo dos viajantes que, quando se perdem na floresta, não devem andar de um lado para o outro, muito menos permanecer no mesmo lugar, e sim prosseguir constantemente para o mesmo rumo, em linha reta o máximo possível, sem mudar de direção por motivos insignificantes, embora inicialmente tenha sido apenas o acaso que os determinou a escolher – assim, se não chegarem exatamente ao ponto que desejam, ao final chegarão pelo menos a algum lugar onde provavelmente estarão melhores do que no meio de uma floresta. Da mesma maneira, como as ações da vida não admitem demora, é muito certo que, quando não está em nosso poder determinar o que é verdadeiro, devemos seguir as mais prováveis e, mesmo que não precisemos observar uma probabilidade maior numa opinião do que noutra, devemos decidir por alguma e depois considerá-la, na medida em que se relacione com a prática não mais tão duvidosa, e sim manifestamente verdadeira e correta (já que a própria razão pela qual a nossa escolha foi determinada possui essas qualidades). Isso foi suficiente para me livrar de todo o arrependimento e remorso que geralmente perturbam as consciências de mentes fracas e vacilantes, as quais se deixam levar de forma inconstante a praticar, como se fossem boas, as coisas que depois julgam ser ruins.

Minha terceira máxima era esforçar-me sempre para conquistar a mim mesmo em vez da fortuna; mudar meus desejos em vez da ordem do mundo; em geral, acostumar-me a acreditar que, exceto nossos próprios pensamentos, não há nada que esteja absolutamente em nosso poder. Desse modo, depois de termos feito o nosso melhor em relação às coisas externas a nós, tudo em que não formos bem-sucedidos será considerado absolutamente impossível de nosso ponto de vista. Isso por si só pareceu suficiente para me impedir de desejar alcançar no futuro qualquer coisa que eu não conseguisse e, assim, deixar-me satisfeito. Como nossa vontade naturalmente busca apenas aquilo que o entendimento concebe como de alguma forma possível, é claro que, se considerarmos todos os bens externos a nós como igualmente fora de nosso poder, não teremos mais arrependimentos por nos faltarem os bens que parecem se dever ao nosso nascimento (quando formos privados deles sem qualquer culpa nossa) do que por não possuirmos os reinos da China ou do México. E, fazendo, por assim dizer, uma virtude da necessidade, não desejaremos a saúde estando doentes ou a liberdade estando na prisão mais do que agora desejamos ter corpos de material tão pouco corruptível como os diamantes ou asas para voar como os pássaros. Mas admito que é preciso um longo exercício e uma meditação frequentemente repetida, a fim de nos acostumarmos a ver todas as coisas sob esse prisma, e acredito que nisso consistia principalmente o segredo de tais filósofos, os quais outrora conseguiram escapar do controle da fortuna e, mesmo em meio ao sofrimento e à pobreza, foram capazes de desfrutar de uma felicidade invejada por seus deuses. Ocupados incessantemente em considerar os limites que lhes eram prescritos pela natureza, eles ficaram tão inteiramente convencidos de que nada estava em seu poder (exceto seus próprios pensamentos), que isso por si só era suficiente para os impedir de alimentar qualquer afeição por outras coisas. Os filósofos dominavam esses pensamentos de forma tão absoluta que tinham motivo para se considerarem mais ricos, poderosos, livres e felizes do que quaisquer outros homens que não tinham a mesma filosofia nem tudo aquilo que desejavam, por mais ridicularizados que fossem pela natureza e pela fortuna.

Em suma, para concluir essa moral, decidi rever as diferentes ocupações que os homens têm na vida, com o objetivo de escolher a melhor. Sem querer dizer qualquer coisa sobre o emprego de outros, pensei que não poderia fazer melhor do que continuar naquilo em que estava empenhado, ou seja, dedicar minha vida inteira a cultivar a razão e avançar o máximo possível no conhecimento da verdade, seguindo o método que havia prescrito para mim mesmo. Eu experimentei satisfação tão intensa desde que começara a aplicar esse método, que não acreditava que alguém pudesse desfrutar do mais perfeito ou inocente desta vida. Descobrindo todos os dias certas verdades por meio desse método (as quais me pareciam muito importantes e comumente ignoradas pelas pessoas), a gratificação daí resultante ocupou tanto minha mente que fiquei indiferente a qualquer outra coisa. Além disso, as três máximas anteriores se baseavam apenas na intenção de continuar a me autoinstruir, pois Deus deu a todos nós uma luz para discernir a verdade do erro, então eu não teria acreditado que deveria ficar satisfeito, por um momento sequer, com as opiniões dos outros, a menos que tivesse resolvido usar meu próprio julgamento para as examinar quando chegasse o momento certo. Eu também não conseguiria segui-las e, assim, furtar-me de ter escrúpulos se tivesse suposto que, com isso, perderia qualquer oportunidade de encontrar informações melhores – caso existissem. Por fim, eu não saberia refrear meus desejos nem conseguiria me contentar se não tivesse seguido um caminho no qual eu pensava, tendo a certeza de que alcançaria todos os conhecimentos que eu fosse capaz, que usaria o mesmo meio de tudo aquilo que é verdadeiramente bom e nunca esteve em meu poder. Considerei que nossa vontade não tende a seguir nem a fugir de nada e, dependendo de como nosso entendimento representa os objetos (como bons ou ruins), para agir corretamente basta julgar bem (o melhor julgamento possível), isto é, adquirir todas as virtudes com tudo o que é verdadeiramente valioso e está ao alcance. Quando temos certeza de que isso é verdade, é inevitável que fiquemos satisfeitos.

Tendo, assim, munido a mim mesmo com essas máximas e tendo-as reservado com as verdades da fé – que sempre ocuparam o primeiro lugar em minha crença –, cheguei à conclusão de que poderia começar a livrar-me de todas as minhas outras opiniões. E, por mais que eu esperasse conseguir fazer melhor esse trabalho se mantivesse contato com a humanidade em vez de permanecer mais tempo recluso onde todos esses pensamentos me ocorreram, voltei a viajar antes que o inverno terminasse. Assim, durante os nove anos seguintes, apenas vaguei de um lugar para outro, tentando ser mais espectador do que ator nas peças em cartaz no teatro do mundo e, refletindo sobre cada assunto e sobre o que poderia torná-lo questionável e um erro em potencial, fui extirpando de minha mente todos os erros que até então haviam se infiltrado. Não que eu estivesse agindo como os céticos, que duvidam apenas por duvidar e fingem estar em constante incerteza. Pelo contrário: meu objetivo era apenas me tranquilizar e deixar de lado a areia movediça, a fim de encontrar rocha ou barro. Ao que parece, o que me sucedeu foi muito bom, sobretudo porque, tentando descobrir o erro ou a incerteza das proposições não por conjecturas frágeis, e sim por raciocínios claros e certos, não encontrei nada tão duvidoso a ponto de não conseguir extrair alguma conclusão bastante razoável, mesmo que não contivesse nada de certo. Do mesmo jeito que, quando demolimos uma casa velha, normalmente reservamos as ruínas para serem utilizadas na construção de um lugar novo, quando destruí todas as opiniões que julgava infundadas, também fiz uma variedade de observações e adquiri diversas experiências, as quais me serviram para estabelecer mais certezas. Também continuei a praticar o Método que eu mesmo havia prescrito – além de ter tido o cuidado geral de conduzir os meus pensamentos de acordo com regras dele, reservei algumas horas para, de vez em quando, dedicar-me a aplicá-lo expressamente na solução de dificuldades matemáticas, ou mesmo na solução de alguns problemas pertencentes a outras Ciências, mas que foram tomados quase como questões matemáticas pelo fato de eu os ter separado dos princípios daquelas que não me pareciam suficientemente firmes, conforme será visto neste volume. Assim, sem viver de outra forma do que aqueles que, não tendo outra ocupação exceto aproveitar uma vida agradável e inocente, procuram separar prazer e vício (recorrendo a diversões legítimas para poderem desfrutar do lazer sem se aborrecerem), eu estava seguindo adiante com meu propósito e me beneficiando com o conhecimento da verdade – talvez até mais do que se tivesse apenas lido livros e conversado com pessoas eruditas.

Os nove anos se passaram, entretanto, antes que eu tivesse chegado a qualquer julgamento específico em relação às dificuldades que costumam ser matéria de disputa entre os eruditos e antes que tivesse começado a buscar os princípios de qualquer filosofia mais certa que a vulgar. E o exemplo de muitos homens com mentes extraordinárias, que haviam se empenhado nessa investigação (sem sucesso, ao que tudo indica), levou-me a imaginar que se tratava de um trabalho de tanta dificuldade, que eu talvez não tivesse me aventurado nisso tão cedo se não tivesse ouvido rumores de que já havia chegado ao fim daquilo. Não sei dizer quais foram os fundamentos para essas especulações; se meus discursos de alguma forma contribuíram nesse sentido, isso deve ter acontecido pelo fato de ter ingenuamente confessado o que eu desconhecia e mostrado as razões pelas quais precisei duvidar de muitas coisas, em vez de me vangloriar em virtude de qualquer tipo de doutrina, como costumavam fazer aqueles que estudaram pouco. Tendo eu um coração bom o suficiente para não querer que ninguém me considerasse um indivíduo diferente daquilo que realmente sou, tive de tentar, por todos os meios, tornar-me digno da reputação que me foi concedida. Já se passaram exatamente oito anos desde que esse desejo fez com que eu me afastasse de qualquer lugar onde pudesse haver conhecidos e me retirasse para um país onde as longas durações das guerras[5] determinaram ordens tais, que os exércitos mantidos pareciam servir apenas para garantir que os habitantes desfrutem com mais segurança das bênçãos da paz. Um país onde, em meio a um povo numeroso, ativo e mais ocupado em cuidar dos próprios assuntos do que curioso em relação à vida dos outros, pude viver tão solitário e recluso quanto se estivesse no deserto mais remoto, sem ser privado, ao mesmo tempo, de nenhuma das comodidades existentes em cidades populosas.

---

5 O autor provavelmente se refere às guerras religiosas entre católicos e protestantes na Europa do século XVII (por exemplo, a Guerra dos Trinta Anos). [N. T.]

PART

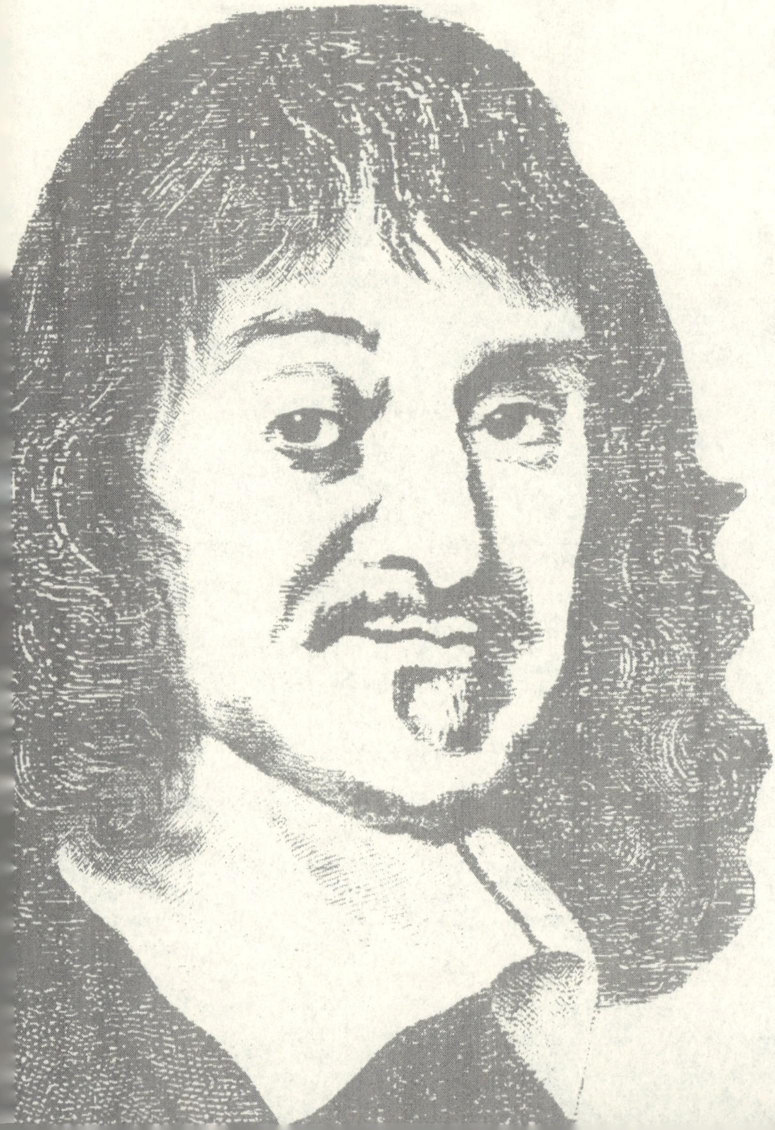

Não tenho certeza se devo compartilhar com vocês minhas primeiras reflexões no local anteriormente mencionado, pois elas são tão metafísicas e incomuns que talvez não agradem a todo mundo. No entanto, para que possamos determinar se os fundamentos que estabeleci são suficientemente seguros, em certa medida sinto-me obrigado a falar sobre eles. Há muito tempo observei que, para a moral, às vezes é necessário adotar, como se fossem indubitáveis, opiniões que consideramos altamente incertas, conforme já foi dito antes. Mas, considerando que até então eu desejava dedicar minha atenção apenas à busca da verdade, pensei que era necessário fazer exatamente o contrário e rejeitar, como absolutamente falso, tudo aquilo em eu pudesse supor a menor dúvida, a fim de verificar se depois disso restaria algo em minha crença que fosse totalmente indubitável. Assim, visto que nossos sentidos às vezes nos enganam, estava disposto a deduzir que não havia nada realmente igual ao que eles nos apresentam. E porque algumas pessoas raciocinam mal e caem em paralogismos[6] – mesmo nas questões mais simples da geometria –, eu, convencido de

---

6 Paralogismo: argumento falso, que contraria a racionalidade, bem como a conclusão à qual se chega por meio dele; falso raciocínio não intencional. [N. T.]

que estava tão sujeito ao erro quanto qualquer outro, julguei falsos e rejeitei todos os raciocínios que até então tinha tomado como demonstrações. Finalmente, quando considerei que os mesmos pensamentos que temos quando estamos acordados também podem surgir quando estamos dormindo (sem que nenhum deles seja verdadeiro), resolvi fingir que as coisas que nunca haviam entrado em minha mente quando acordado não eram mais verdadeiras do que as ilusões dos meus sonhos. Mas logo depois observei que, embora desejasse pensar que tudo era falso, era absolutamente necessário que eu, que pensava, fosse alguma coisa. Assim, constatando que esta verdade – penso, logo existo (*cogito ergo sum*) – era tão certa e indubitável, que nem as suposições mais extravagantes dos céticos seriam capazes de abalá-la, concluí que poderia aceitá-la, sem hesitação, como o primeiro princípio da filosofia que eu procurava.

Em seguida, examinei atentamente o que eu era, vi que poderia fingir que não havia corpo e notei que não havia mundo nem lugar onde eu pudesse estar; portanto, não seria possível fingir que não existia – pelo contrário, do próprio fato de ter pensado em duvidar da verdade de outras coisas decorreu muito clara e certamente aquilo que eu era. Se, em vez disso, tivesse parado de pensar (mesmo que tudo o que eu imaginava fosse verdade), não haveria motivos para acreditar que eu existisse. A partir disso, concluí que eu era uma substância cuja essência ou natureza consiste apenas em pensar e que, para ela existir, não é necessário lugar algum, tampouco algo material; de modo que o "eu", isto é, a mente pela qual sou o que sou, é algo totalmente distinto do corpo e é ainda mais facilmente conhecido do que este último, sendo tal, que, mesmo se não o fosse, ainda continuaria a ser tudo o que é.

Depois disso, considerei, de modo geral, o que é essencial para que uma proposição seja verdadeira e certa, pois, desde que descobri uma que sabia ser verdadeira, pensei que também deveria ser capaz de descobrir o fundamento dessa certeza. Ao observar que em "penso, logo existo" não há absolutamente nada que garanta que estou dizendo a verdade – exceto que percebo muito claramente que, para pensar, é necessário existir –, concluí que poderíamos tomar, como regra geral, o princípio de que todas as coisas que concebemos de uma forma muito clara e distinta são verdadeiras, havendo apenas certa dificuldade em determinar com exatidão os objetos que concebemos distintamente.

Em seguida, ao refletir sobre aquilo do qual eu duvidava e, por consequência, constatar que meu ser não era totalmente perfeito (pois vi, de modo nítido, que era bem melhor saber do que duvidar), fui levado a investigar de onde havia aprendido a pensar em algo mais perfeito do que eu era – e sabia, obviamente, que devia ser de alguma natureza de fato mais perfeita. Quanto aos pensamentos que eu tinha em relação a muitos outros objetos externos a mim (como o céu, a Terra, a luz, o calor e assim por diante), estava menos perdido em saber de onde vinham, pois, como não observei neles nada que parecesse torná-los superiores a mim, foi possível acreditar que, se fossem verdadeiros, eram questões correlacionadas à minha própria natureza – na medida em que possuía certa perfeição – e, se fossem falsos, eu os retive do nada; isto é, eles estavam em mim por causa de um defeito meu. Mas não poderia ser isso, no caso da ideia de existir um ser mais perfeito do que eu. Obter essa ideia do nada era algo manifestamente impossível, e, tanto quanto o fato de o mais perfeito ser um desdobramento e um complemento do menos perfeito, é repugnante pensar que há algo que venha do nada. Assim, não consegui apreender essa ideia, e acabou que o que colocou tudo aquilo que existe em mim foi uma natureza verdadeiramente mais perfeita que eu, a qual tinha dentro de si todas as perfeições que me permitiriam formar qualquer ideia. Para resumir em uma única palavra, essa natureza era Deus. A isso acrescentei que, por conhecer certas perfeições que não tinha, eu não era o único ser existente (com a permissão do leitor, usarei livremente os termos acadêmicos), pelo contrário: necessariamente havia algum outro ser mais perfeito, de quem eu dependia e de quem recebi tudo o que tinha – se eu existisse sozinho e não dependesse de qualquer outra pessoa (de modo que integrasse, por conta própria e nos mínimos detalhes, tudo aquilo que compõe um ser perfeito), pela mesma razão poderia ter tido todo o resto que me faltava. Assim, poderia ter me tornado infinito, eterno, imutável, onisciente, todo-poderoso, conhecedor de todas as coisas: em suma, eu teria todas as perfeições reconhecidas em Deus, porque, para conhecer a natureza de Deus (cuja existência foi estabelecida pelos raciocínios anteriores) nos limites permitidos por minha própria natureza, apenas precisei avaliar se ter em minha posse as propriedades pelas quais me era possível formar ideias indicava ou não perfeição no raciocínio sobre Deus. Concluí que não havia nada que apontasse para a imperfeição. Assim, percebi que não é possível encontrar em Deus dúvida, inconstância, tristeza e questões desse gênero – eu mesmo ficaria bem feliz se me livrasse delas. Além disso, eu tinha muitas ideias sobre o sensível e o corpóreo, visto que, embora me fosse possível supor que eu estava sonhando e que tudo o que via ou imaginava era falso, não poderia negar que as ideias não estavam verdadeiramente em meus pensamentos. De toda forma, notei que a perfeição de Deus não era composta pelas naturezas inteligente e corpórea, pois dentro de mim já estavam estabelecidos, com bastante clareza, a distinção entre elas e o fato de que toda composição é um sinal de dependência (e um estado de dependência é manifestamente um estado de imperfeição); portanto isso não poderia se aplicar a Deus. Contudo, se houvesse quaisquer corpos no mundo ou mesmo inteligências e naturezas que não fossem totalmente perfeitas, a existência desses seres dependeria do poder divino de tal forma que eles não poderiam sobreviver sem Deus nem por um momento sequer.

Imediatamente comecei a procurar outras verdades e, tendo me proposto a enfrentar o objeto dos geômetras (que entendi como um corpo contínuo ou um espaço de extensão indefinida em comprimento, largura, altura e profundidade, divisível em várias partes que admitem diferentes figuras e tamanhos e que podem ser movidas ou transpostas de todas as maneiras – os geômetras supõem tudo isso no objeto que analisam), repassei algumas de suas demonstrações mais simples. Em primeiro lugar, tive cuidado para que a grande certeza atribuída de comum acordo a essas demonstrações se baseasse apenas naquilo que obviamente concebemos, conforme as regras que já estabeleci. Em seguida, percebi que não havia nada nessas demonstrações que pudesse me assegurar a existência de seu objeto. Assim, por exemplo, supondo que houvesse um triângulo, percebi com clareza que os três ângulos eram necessariamente iguais a dois ângulos retos, mas não percebi nada que pudesse me garantir a existência de qualquer triângulo no mundo. Em vez de voltar a examinar a ideia de um ser perfeito, descobri que a existência do Ser estava ali compreendida, da mesma forma que se compreende a existência de um triângulo, a correspondência dos três ângulos de um triângulo a dois ângulos retos, ou até mesmo a ideia de uma esfera, com a equidistância de todos os pontos da superfície em relação a seu centro. Como consequência, tanto quanto pode ser qualquer demonstração de geometria, é no mínimo certo o fato de que Deus, esse ser perfeito, é ou existe.

Mas a razão pela qual muitos se convencem de que é difícil conhecer essa verdade (e até mesmo saber o que realmente é a alma) é nunca elevar os próprios pensamentos para algo além dos objetos sensíveis e estarem tão habituados a não considerar nada – exceto por meio da imaginação –, que se cria um modo de pensar limitado aos objetos materiais, ou seja, o que não é imaginável lhes parece ininteligível. Isso fica bastante evidente quando observamos que mesmo os filósofos sustentam, como máxima, que não há nada no entendimento que não tenha estado primeiro nos sentidos, nos quais é certo, por sua vez, que as ideias a respeito de Deus e de alma nunca existiram. Assim, parece-me que quem deseja usar a imaginação para compreender essas ideias age como se, a fim de ouvir ou de sentir o cheiro das coisas, tentassem utilizar os olhos. Ainda há a diferença entre os sentidos e a visão que nos assegura a verdade dos objetos tanto quanto o olfato ou a audição; então, nem nossa imaginação, nem nossos sentidos conseguem nos dar certeza, a menos que nossa razão intervenha.

Por fim, se as razões que apresentei ainda não tiverem sido suficientes para convencer algumas pessoas a respeito da existência de Deus e da alma humana, quero que elas saibam que são menos certas todas as outras proposições de cuja verdade talvez tenham mais certeza, como o fato de termos um corpo, a existência das estrelas, de uma Terra e assim por diante. Afinal, embora tenhamos uma segurança moral tão forte acerca dessas coisas (a ponto de não podermos duvidar delas – a menos que sejamos irracionais), não podemos negar que, quando se trata de certeza metafísica, há motivo suficiente para excluir toda a segurança, considerando que, quando dormimos, podemos da mesma forma imaginar que temos outro corpo e que vemos outras estrelas e outra terra, quando na verdade não há nada do tipo. Como sabemos que os pensamentos durante o sonho são os falsos, e não aqueles que experimentamos quando estamos acordados, uma vez que os primeiros muitas vezes são tão vívidos e distintos quanto os segundos? Mesmo que as mentes mais brilhantes estudem essa questão o máximo que quiserem, não acredito que serão capazes de oferecer explicação suficiente para remover essa dúvida, a menos que pressuponham a existência de Deus: isso porque, em primeiro lugar, o princípio que já tomei como regra (a saber, o fato de que são verdadeiras todas as coisas que concebemos clara e distintamente) só é certo porque Deus é ou existe, porque Ele é um ser perfeito e porque tudo o que há dentro de nós vem d'Ele. A partir disso, nossas ideias ou noções – sendo nítidas, distintas, reais e advindas de Deus – só podem ser verdadeiras. Assim, embora não raro seja possível ter ideias ou noções falsas em alguma medida, isso só acontecerá no caso daquelas que são até um tanto confusas e obscuras, pois procedem do nada (participam da negação), isto é, estão confusas assim dentro de nós porque não somos totalmente perfeitos. E é evidente que é igualmente repugnante considerar que a falsidade ou a imperfeição procedem de Deus e que a verdade ou a perfeição procedem do nada. Mas, se não soubéssemos que tudo o que existe de real e verdadeiro em nós procede de um ser perfeito e infinito, não haveria nada que nos assegurasse que nossas ideias têm a perfeição de serem verdadeiras, por mais claras e distintas que elas sejam.

Ora, depois que o conhecimento acerca de Deus e da alma nos deu a certeza sobre essa regra, é muito fácil compreender que não devemos questionar a verdade dos pensamentos que experimentamos quando estamos acordados em virtude das ilusões de nossos sonhos. Se acontecesse de um indivíduo ter alguma ideia muito distinta mesmo dormindo – por exemplo, se um geômetra conseguisse fazer alguma nova demonstração –, o sono não seria um impeditivo para que essa proposição fosse verdadeira. Quanto ao erro mais comum dos nossos sonhos (que consiste em eles representarem vários objetos da mesma maneira que os nossos sentidos), isso não é prejudicial, pois nos possibilita desconfiar da verdade das ideias derivadas dos sentidos: não raro somos igualmente enganados quando estamos acordados, assim como pessoas com icterícia veem todos os objetos amarelos[7], ou estrelas

---

7 Até o fechamento desta edição, não encontramos indícios de que essa afirmação proceda, conforme a literatura de estudos médicos atuais. Acreditamos que, na época do autor, havia essa crença de que a doença interferia na visão a ponto de gerar distorções na percepção das cores. [N. T.]

e astros distantes nos parecem muito menores do que de fato são. Afinal, quer estejamos acordados, quer estejamos dormindo, nunca devemos nos deixar persuadir por nada, a não ser diante da evidência de nossa razão. Notem que me refiro à nossa razão, não à nossa imaginação ou aos nossos sentidos: embora consigamos ver nitidamente o Sol, por exemplo, não devemos achar que o tamanho dele corresponde ao que nossa visão enxerga, da mesma forma que podemos imaginar a cabeça de um leão unida ao corpo de uma cabra, sem concluirmos que quimeras existem. A razão não dita aquilo que vemos ou que imaginamos ser verdade; ela apenas nos diz claramente que todas as nossas ideias ou noções têm algum fundo de verdade. Sem isso não seria possível que Deus, totalmente perfeito e verdadeiro, tivesse colocado tais ideias ou noções em nós. Considerando que durante o sono nossos raciocínios nunca são tão óbvios ou completos quanto durante o tempo em que estamos despertos – embora por vezes nossa imaginação seja tão ou mais vívida que os momentos de vigília –, a razão também nos dita que, uma vez que nem todos os nossos pensamentos são verdadeiros pelo fato de não sermos inteiramente perfeitos, o raciocínio que for verdade será infalivelmente encontrado quando estamos acordados, não quando estamos dormindo.

PART

EV

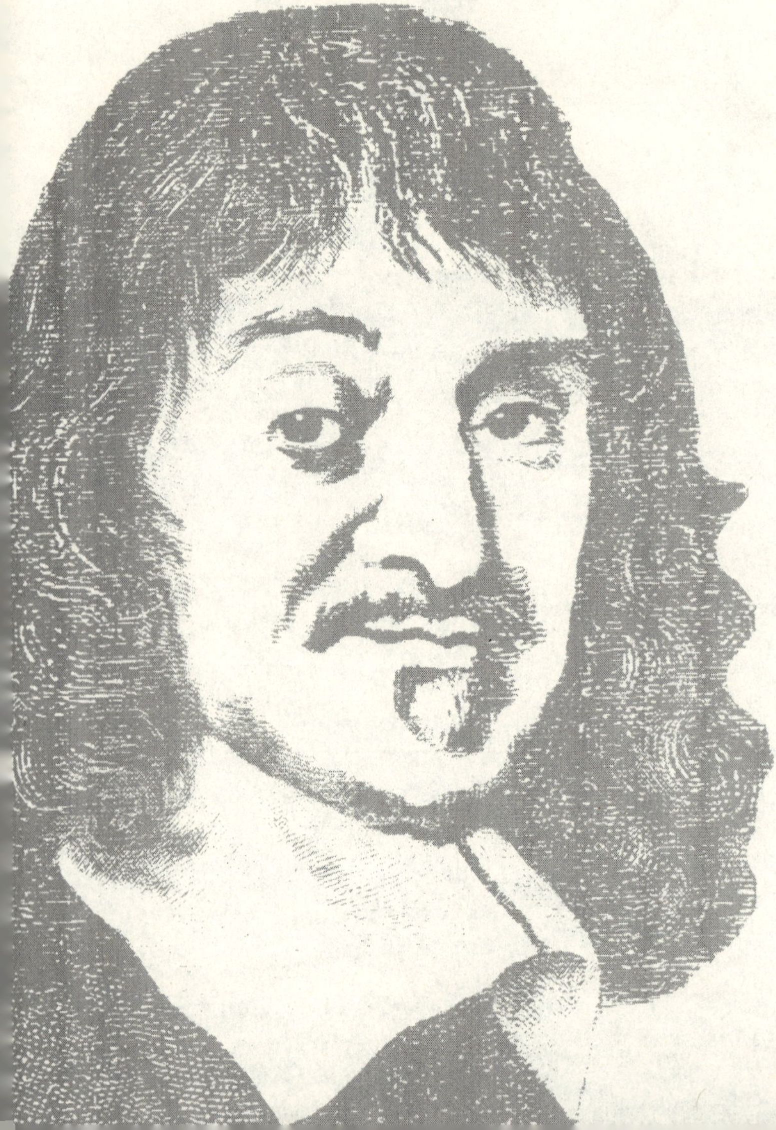

Eu ficaria muito feliz em continuar mostrando a cadeia de verdades que deduzi das primeiras aqui apresentadas, mas, como para isso teria sido necessário que eu falasse de várias questões em controvérsia entre os eruditos (com os quais não desejo discutir), creio que seja melhor abster-me disso e apenas mencionar em geral tais verdades, para que os mais sábios possam julgar se seria útil que o público fosse mais especificamente informado sobre elas. Sempre permaneci firme em minha resolução original de não supor outro princípio (a não ser aquele que recentemente utilizei para demonstrar a existência de Deus e da alma) e de não aceitar como verdadeiro nada que não me parecesse mais claro e certo que as demonstrações feitas antes pelos geômetras. No entanto, arrisco-me a afirmar que não só encontrei meios de me satisfazer, em pouco tempo, em relação a todas as principais dificuldades que normalmente são tratadas na Filosofia, mas também observei certas leis que foram estabelecidas na Natureza por Deus de tal maneira (que foram por Ele inscritas em nossas almas), que, depois de termos refletido bastante sobre elas, não podemos duvidar de que sejam observadas com precisão em tudo o que existe ou acontece no mundo. Assim, considerando a concatenação dessas leis, parece que descobri muitas verdades mais úteis e mais importantes do que tudo o que aprendi antes ou mesmo do que esperava aprender.

Pelo fato, porém, de ter tentado expor as principais descobertas num tratado que certas observações me impedem de publicar, não posso tornar os resultados conhecidos de maneira mais detalhada, apesar de dar aqui um resumo do conteúdo. Eu pretendia incluir neste tratado tudo o que, antes de começar a escrevê-lo, pensei que conhecia sobre a natureza dos objetos materiais. Entretanto, assim como os pintores não conseguem representar igualmente bem, num quadro plano, todas as diferentes faces de um corpo sólido – por isso escolhem uma das principais (sobre a qual fazem cair a luz, mantendo o restante na sombra), permitindo que as faces apareçam apenas à medida que conseguimos olhar para o principal –, eu também, temendo não ser capaz de colocar em meu discurso tudo o que tinha em mente, resolvi expor isoladamente, embora com considerável extensão, minhas opiniões a respeito da luz. Em seguida, decidi aproveitar a oportunidade para acrescentar algo sobre o Sol e as estrelas fixas, já que a luz vem quase toda deles; algo sobre o céu, já que ele transmite a luz; algo sobre os planetas, os cometas e a Terra, pois eles a refletem; algo sobre todos os corpos que existem na Terra, visto que são coloridos, transparentes ou luminosos; e, por fim, algo finalmente sobre o ser humano, espectador de todos os objetos. Ao mesmo tempo, para me permitir ocultar um pouco essa variedade de assuntos e expressar meu julgamento a respeito deles com maior liberdade (sem ser necessário adotar ou refutar as opiniões dos eruditos), resolvi deixar todas as pessoas entregues à própria sorte, falando apenas do que aconteceria em um novo mundo, se, em algum lugar, nos espaços imaginários, Deus criasse agora matéria suficiente para compor um, agitando, variada e confusamente, as diferentes partes dessa matéria, de modo que o resultado fosse um caos tão grande quanto o pretendido pelos poetas e que, depois disso, Deus nada mais fizesse além de emprestar sua habitual assistência à Natureza e deixasse-a agir de acordo com as leis que Ele estabeleceu. Nesse sentido, em primeiro lugar descrevi o assunto e tentei representá-lo de tal maneira, que, para mim, não há nada mais claro e mais inteligível no mundo, exceto o que foi recentemente dito a respeito de Deus e da alma – inclusive, eu expressamente supus que Ele não tivesse nenhuma daquelas formas ou qualidades tão debatidas nas escolas, tampouco qualquer coisa cujo conhecimento não seja para nossas almas algo natural a ponto de nos impedir ignorar (ou até mesmo fingir ignorar). Além disso, indiquei quais são as leis da Natureza e, baseando meus raciocínios em nenhum outro princípio, exceto na perfeição infinita de Deus, procurei demonstrar todos aqueles em relação aos quais pudesse haver qualquer dúvida, mostrando que são tais, que, mesmo que Deus tivesse criado vários mundos, não poderia haver nenhum onde essas leis não fossem observadas. Ainda mostrei como a maior parte da matéria desse caos deve, segundo essas leis, ser organizada e disposta de uma maneira que a torne semelhante ao nosso céu – assim como algumas de suas partes devem compor uma

Terra, alguns planetas e cometas, enquanto outras partes formam um Sol e estrelas fixas. Expandindo aqui o tema da luz, fiz uma longa explicação sobre qual tipo de luz é possível encontrar no Sol e nas estrelas e como, a partir disso, ela atravessa num instante os imensos espaços do céu, refletida dos planetas e cometas, em direção à Terra. A essa questão, também acrescentei muito a respeito da substância, da situação, dos movimentos e de todas as diferentes qualidades dos céus e das estrelas, de modo que pensei ter dito o suficiente para deixar claro que não há nada a observar neles que não deva, ou pelo menos não possa, parecer bastante semelhante aos céus e às estrelas do sistema que descrevi. Em seguida, passei a falar da Terra em particular e mostrar que, embora eu tivesse expressamente suposto que Deus não havia dado peso à matéria da qual ela é composta, isso não impediu que todas as suas partes tendessem exatamente para o seu centro. Como, havendo água e ar em sua superfície, a disposição dos céus e dos corpos celestes – e mais especialmente da Lua – deve causar um fluxo e um refluxo semelhante, em todas as circunstâncias, ao observado em nossos mares, assim como uma certa corrente tanto de água quanto de ar (de leste a oeste), também observada entre os trópicos; como as montanhas, os mares, as fontes e os rios podem naturalmente se formar; como os metais são produzidos nas minas, as plantas crescem nos campos e, em geral, todos os corpos comumente denominados mistos ou compostos podem ser gerados, entre outras coisas, depois das estrelas. Eu não conhecia nada no mundo, exceto o fogo, que produzisse luz, então não poupei esforços para compreender tudo o que pertence à natureza dele: a maneira como é produzido e alimentado; como às vezes só existe calor, sem luz, e vice-versa; como pode induzir várias cores em diferentes corpos e outras diversas qualidades; como derrete algumas matérias e endurece outras; como pode consumir quase todos os corpos ou convertê-los em cinzas e fumaça; e, finalmente, como a partir dessas cinzas, pela mera intensidade de sua ação, vidro é formado.

Uma vez que essa transmutação das cinzas em vidro me pareceu tão maravilhosa quanto qualquer outra na Natureza, tive um prazer especial em descrevê-la. Contudo, a partir de tudo isso, não quis inferir que este mundo tivesse sido criado do modo como propus, pois é muito mais provável que Deus o tenha feito como deveria ser. Ao mesmo tempo, é certeza – e uma opinião comumente aceita entre os teólogos – que a ação pela qual Deus agora o sustenta é a mesma pela qual originalmente o criou. Desse modo, embora desde o início Ele não tivesse dado outra forma a não ser a do caos, podemos acreditar (sem desacreditar do milagre da criação) que, desde que Deus apenas tivesse estabelecido certas leis da Natureza e tivesse prestado assistência a ela para agir como de costume, somente dessa forma as coisas puramente materiais poderiam, com o passar do tempo, tornar-se iguais ao que observamos atualmente. Além disso, sua natureza é muito mais facilmente concebida quando as vemos nascer assim, aos poucos, em comparação com quando as consideramos apenas prontas.

Da descrição dos corpos inanimados e das plantas passei aos animais e, mais especificamente, ao ser humano. Mas, como eu ainda não tinha conhecimentos suficientes para falar dele da mesma maneira que os demais — isto é, demonstrando os efeitos pelas causas e mostrando a partir de quais elementos e de que maneira a Natureza os produz, contentei-me em supor que Deus formou o corpo do homem totalmente semelhante a um dos nossos, tanto na forma externa dos membros quanto na anatomia interna dos órgãos, da mesma matéria que eu havia descrito e sem ter colocado nele, a princípio, nenhuma alma racional, nem qualquer outro elemento no lugar da alma vegetativa ou sensitiva — apenas acendeu no coração um daqueles fogos sem luz que já expliquei; e eu pensava que isso não poderia ser diferente do que aquece o feno amontoado antes de secar, ou do que ferve os vinhos novos antes da fermentação. Quando examinei as funções que poderiam existir neste corpo, encontrei exatamente todas aquelas que podem existir em nós sem que pensemos nelas e sem que contribua para isso, por consequência, nossa alma – isto é, a parte distinta do corpo, cuja natureza, conforme dito anteriormente, consiste apenas em pensar. Podemos dizer que os animais irracionais se assemelham a nós, mas entre eles não consegui descobrir nenhum que, dependentes apenas do pensamento, pertençam a nós como homens; ao passo que depois os encontrei, supondo que Deus criou uma alma racional e a uniu a esse corpo da maneira como descrevi.

Contudo, para mostrar como lidei com tal assunto, quero dar aqui a explicação do movimento do coração e das artérias, o primeiro e mais geral movimento observado nos animais, aquele que proporcionará os meios de determinar prontamente o que pensar sobre todo o resto. Para que haja menos dificuldade em compreender o que estou prestes a dizer sobre isso, aconselho que, antes de iniciar a leitura destas observações, quem não for versado em anatomia se dê ao trabalho de mandar dissecar em sua presença o coração de algum animal de grande porte que tenha pulmões (pois estes são bastante parecidos com os do ser humano) e ver seus dois ventrículos ou cavidades. Em primeiro lugar, a cavidade do lado direito, à qual correspondem dois tubos muito amplos – a veia cava, principal receptor do sangue e o tronco da árvore a partir do qual, por assim dizer, todas as outras veias do corpo se ramificam; e a veia arterial, inadequadamente denominada assim, pois na verdade é apenas uma artéria que nasce no coração e, depois de sair dele, divide-se em muitos ramos, que logo se espalham por todo o pulmão. E, em segundo lugar, a cavidade do lado esquerdo, à qual correspondem da mesma maneira dois tubos de tamanho igual ou maior que os anteriores: a artéria venosa, também designada inadequadamente, pois é apenas uma veia que vem dos pulmões, onde se divide em vários ramos entrelaçados com os ramos da veia arterial e com os do tubo denominado traqueia, por onde entra o ar que respiramos; e a grande artéria (artéria aorta), que sai do coração e se ramifica por todo o corpo. Gostaria, também, que essas pessoas que desconhecem anatomia vissem cuidadosamente as onze películas que, como tantas pequenas válvulas, abrem e fecham os quatro orifícios dentro dessas duas cavidades: três películas na entrada da veia cava, dispostas de maneira que não impeçam que o sangue ali contido flua para o lado direito do coração; três na entrada da veia arterial, dispostas de maneira exatamente oposta à anterior, permitindo que o sangue contido nessa cavidade passe para os pulmões, mas impedindo que o sangue contido nos pulmões retorne a essa cavidade; duas outras películas na entrada da artéria venosa, que deixam o sangue dos pulmões fluir para a cavidade esquerda do coração, mas impedem o seu retorno; e três na entrada da grande artéria, que permitem que o sangue saia do coração, mas impedem o seu retorno. Nem precisamos procurar outra razão para o número dessas películas, exceto que o orifício da artéria venosa, sendo de formato oval pelo local onde está, pode ser adequadamente fechado por duas películas, enquanto as outras, sendo redondas, são mais convenientemente fechadas com três. Além disso, gostaria que essas pessoas considerassem que: a grande artéria e a veia arterial são de textura muito mais dura e firme do que a artéria venosa e a veia cava; estas últimas se expandem antes de entrar no coração, formando ali duas bolsas denominadas aurículas do coração, compostas de uma substância semelhante à do próprio coração; há sempre mais calor no coração do que em qualquer outra parte do corpo; e, por fim, que tal calor é capaz de fazer com que qualquer gota de sangue que passe rapidamente pelas cavidades se expanda e dilate, assim como fazem todos os líquidos quando caem gota a gota em um recipiente muito quente.

Após essas considerações, não é necessário dizer mais nada com o objetivo de explicar o movimento do coração, exceto que, quando suas cavidades não estão cheias de sangue, para dentro delas flui necessariamente um pouco da veia cava, para a direita, e da artéria venosa, para a esquerda – especialmente porque esses dois vasos estão sempre cheios de sangue e seus orifícios, voltados para o coração, não podem ser fechados. Mas, assim que duas gotas de sangue passam, uma em cada cavidade, tais gotas (muito grandes, pois os orifícios por onde passam são largos e os vasos de onde saem estão cheios de sangue) são imediatamente rarefeitas e dilatadas pelo calor que encontram. Dessa forma, fazem com que todo o coração se expanda e, ao mesmo tempo, pressionam e fecham as cinco pequenas válvulas que estão nas entradas dos dois vasos dos quais fluem, evitando que mais sangue desça para o coração. Cada vez mais rarefeitas, elas abrem as seis pequenas válvulas nos orifícios dos outros dois vasos e passam por ali, fazendo com que se expandam todos os ramos da veia arterial e da grande artéria quase simultaneamente com o coração, o qual de imediato começa a contrair-se, assim como as artérias, porque o sangue que entrou nelas esfria. As seis pequenas válvulas fecham-se e as cinco da veia cava e da artéria venosa abrem-se de novo, dando passagem para duas outras gotas de sangue, que fazem o coração e as artérias se expandirem mais uma vez. Como o sangue que assim entra no coração passa por essas duas bolsas chamadas aurículas, acontece que o movimento delas é contrário ao do coração e, quando ele se expande, elas se contraem. Para que aqueles que ignoram a força das demonstrações matemáticas e não estão acostumados a distinguir razões verdadeiras de meras verossimilhanças, não se arrisquem a negar o que foi dito sem a devida análise, quero alertá-los de que o movimento que acabei de explicar decorre necessariamente da própria disposição dos órgãos (que por olho nu já pode ser observada no coração), do calor (que pode ser sentido com os dedos) e da natureza do sangue, o que podemos aprender pela experiência, assim como reconhecemos o movimento de um relógio a partir da potência, da situação e da forma de seus contrapesos e engrenagens.

Entretanto, se for perguntado como o sangue nas veias não se esgota, fluindo de forma contínua para o coração e por que as artérias não ficam tão cheias, uma vez que todo o sangue que passa pelo coração flui para elas, só preciso mencionar, em resposta, o que foi escrito por um médico da Inglaterra. Devemos elogiá-lo por ter quebrado o gelo sobre esse assunto e por ter sido o primeiro a ensinar que existem muitas pequenas passagens nas extremidades das artérias, por meio das quais o sangue recebido do coração passa para os pequenos ramos das veias, e por onde retorna ao coração – desse modo, o curso do sangue equivale precisamente a uma circulação perpétua. Temos largas provas disso pela experiência comum dos cirurgiões, que, ao amarrar o braço com um laço de tensão moderada acima da parte onde abrem a veia, fazem com que o sangue flua mais abundantemente do que teria acontecido sem qualquer ligadura. O contrário aconteceria se amarrassem embaixo, entre a mão e a abertura, ou se a ligadura acima da abertura fosse bem apertada, pois é óbvio que a ligação moderadamente esticada, embora impeça que o sangue já presente no braço retorne ao coração pelas veias, não pode impedir que sangue novo avance por meio das artérias – porque estas estão situadas abaixo das veias e seus revestimentos, mais duros, são mais difíceis de comprimir, e também porque o sangue vindo do coração tende a pôr elas em direção à mão com maior força do que para retornar, pelas veias, da mão ao coração. Como esse sangue escapa do braço pela abertura feita em uma das veias, deve necessariamente haver certas passagens abaixo da ligadura, isto é, em direção às extremidades do braço, por onde o sangue pode vir das artérias. O médico inglês também provou muito bem aquilo que disse sobre o fluxo sanguíneo a partir da existência das películas, as quais ficam dispostas em tantos lugares ao longo das veias (como pequenas válvulas), que não permitem a passagem do sangue do meio do corpo em direção às extremidades: elas apenas permitem retornar das extremidades ao coração. Além disso, a experiência mostra que todo o sangue que existe no corpo pode sair dele em muito pouco tempo quando uma única artéria é cortada, mesmo que ela esteja intimamente muito perto do coração e mesmo que tenha sido cortada entre ele e a ligadura, de modo que não temos motivos para imaginar que o sangue poderia vir de qualquer outro lugar que não do coração.

Há muitas outras circunstâncias, porém, que evidenciam que o aqui alegado é a verdadeira causa do movimento do sangue: em primeiro lugar, a diferença que observamos entre o sangue que flui das veias e das artérias só pode advir do fato de que, sendo rarefeito e, por assim dizer, destilado ao passar pelo coração, esse sangue é mais fino, mais vívido e mais quente logo após deixar o coração, ou seja, quando está nas artérias, em comparação com o sangue pouco antes de entrar no coração, quando estava nas veias. Se prestarmos atenção, descobriremos que essa diferença só é muito acentuada nos arredores do coração; não é tão evidente em partes mais distantes dele. Em seguida, a consistência dos revestimentos que compõem a veia arterial e a grande artéria mostra claramente que o sangue bate com mais força contra as artérias do que contra as veias. E por que a cavidade esquerda do coração e a grande artéria seriam mais largas e maiores do que a cavidade direita e a veia arterial, se o sangue da artéria venosa (que só esteve nos pulmões desde que passou pelo coração) é mais fino e rarefeito com mais facilidade e em maior grau do que o sangue advindo imediatamente da veia cava? E o que podem os médicos conjecturar ao sentir o pulso, a menos que saibam que, dependendo de como o sangue muda de natureza, ele pode ser rarefeito pelo calor do coração em maior ou menor grau, e mais ou menos rapidamente do que antes? E, se examinarmos como esse calor é comunicado aos outros membros, não se deve admitir que isso é efetuado por meio do sangue, que, passando pelo coração, é novamente aquecido e daí difundido por todo o corpo? A partir disso, se o sangue for retirado de qualquer parte, o calor também será retirado pelo mesmo meio e, ainda que o coração fosse tão ardente quanto ferro em brasa, ele não seria capaz de aquecer os pés e as mãos a menos que continuasse enviando sangue novo para lá. Por causa disso, também sabemos que a verdadeira finalidade da respiração é trazer ar fresco suficiente para os pulmões, fazendo com que o sangue que chega lá do ventrículo direito do coração, onde foi rarefeito e, por assim dizer, "vaporizado", possa engrossar e se transformar novamente em sangue antes de ir para a cavidade esquerda – sem esse processo, não seria possível nutrir o fogo que lá existe. Isso se confirma porque vemos que os animais desprovidos de pulmões têm apenas uma cavidade no coração e que as crianças (que não conseguem usar os pulmões enquanto estão no útero) têm um orifício através do qual flui o sangue da veia cava, na cavidade esquerda do coração, e um tubo pelo qual o sangue passa da veia arterial para a grande artéria, sem atravessar o pulmão. Como então poderia a digestão ocorrer no estômago se o coração não enviasse calor para lá por meio das artérias, tornando, com isso, essa região uma das mais irrigadas de sangue, o que auxilia a dissolução do alimento consumido? Não é fácil compreender também a ação que converte o "suco" dos alimentos em sangue, quando se considera que este é destilado e passa pelo coração talvez mais de cem ou duzentas vezes por dia? E o que mais é necessário acrescentar para explicar a nutrição e a produção dos diferentes fluidos corporais, além de dizer que a força com a qual o sangue, ao tornar-se rarefeito, passa do coração para as extremidades das artérias e faz certas partes permanecerem nos membros aonde chegam, ocupando ali o lugar de algumas outras porções por eles expulsas – dependendo da situação, do formato ou do tamanho diminuto dos poros com os quais se encontram, parte do sangue flui para determinados lugares, da mesma forma que se observa o funcionamento de algumas peneiras (as quais, por terem furos de diferentes tipos, servem para separar diferentes espécies de grãos)? Por fim, o que há de mais notável em tudo isso é a geração de espíritos animais, que são como um vento muito sutil, ou melhor, uma chama muito pura e vívida que, sempre subindo em grande abundância do coração para o cérebro, daí penetra pelos nervos até os músculos e dá movimento a todos os membros. Desse modo, para explicar outras partes do sangue que, por serem as mais agitadas e penetrantes, são as mais aptas a compor esses espíritos, seguindo em direção ao cérebro, não é necessário supor outra causa a não ser simplesmente que as artérias que os transportam para lá vêm do coração na linha mais reta de todas e, de acordo com as regras da mecânica (as mesmas que as da natureza), quando muitos objetos tendem a se mover juntos para o mesmo lado (onde não há espaço suficiente para todos – assim como é o caso das partes do sangue que saem da cavidade esquerda do coração e tendem para o cérebro), as partes mais fracas e menos agitadas devem necessariamente ser afastadas desse ponto pelas mais fortes, que assim seguirão sozinhas.

Para bem conduzir a razão e buscar a verdade na ciência

Eu havia explicado todos esses assuntos com suficiente minúcia no tratado que anteriormente pretendia publicar. Então, mostrei qual deve ser a estrutura dos nervos e músculos do corpo humano, a fim de garantir que os espíritos animais ali contidos tenham força para mover os membros – assim como quando vemos cabeças ainda se moverem e morderem a terra logo após terem sido arrancadas, apesar de não estarem mais vivas; quando vemos que mudanças devem ocorrer no cérebro para produzir o despertar, o sono e os sonhos; quando vemos como a luz, os sons, os odores, os sabores, o calor e todas as outras qualidades dos objetos externos podem imprimir diferentes ideias por meio dos sentidos; quando vemos que a fome, a sede e outras paixões internas também podem imprimir diversas ideias para os sentidos; quando vemos o que deve ser entendido pelo senso comum em que essas ideias são recebidas, pela memória que as retém, pela fantasia que pode mudá-las de várias maneiras, compondo novas ideias e pelo mesmo meio distribuindo os espíritos animais através dos músculos e fazendo com que os membros de tal corpo se movam de muitos jeitos distintos, seja para os objetos apresentados aos sentidos, seja para as paixões internas, a fim de que se movam independentemente da orientação da vontade. Isso não parecerá nada estranho para aqueles familiarizados com a variedade de movimentos executados pelos diferentes autômatos, ou máquinas móveis fabricadas pela indústria humana, que têm ajuda de poucas peças – comparadas à grande quantidade de ossos, músculos, nervos, artérias, veias e outras partes encontradas no corpo de cada animal. Essas pessoas considerarão o corpo como uma máquina feita pelas mãos de Deus, incomparavelmente mais bem organizada e dotada de movimentos mais admiráveis do que qualquer máquina de invenção humana.

Aqui paro para mostrar especialmente que, se existissem tais máquinas (muito semelhantes a mecanismos de funcionamento de um macaco ou de qualquer outro animal irracional), não conseguiríamos ter meios de reconhecer que elas não seriam, em qualquer aspecto, da mesma natureza que os animais. Por outro lado, se houvesse algo ou alguém parecido com nossos corpos e capaz de imitar nossas ações o máximo possível do ponto de vista moral, ainda restariam dois testes mais seguros para sabermos que não eram realmente seres humanos. O primeiro teste é o fato de que esse algo ou alguém nunca conseguiria usar palavras ou outros sinais aptos a declarar nossos pensamentos aos outros, pois podemos facilmente imaginar que uma máquina é construída de uma forma que pronuncie palavras e até mesmo ações que causam uma mudança em seus mecanismos – por exemplo, se tocarmos a máquina num determinado lugar, podemos deixá-la perguntar o que desejamos dizer a ela, deixá-la gritar que alguém a está machucando e assim por diante (mas isso não as organizará de maneira diferente, de modo a responder adequadamente ao que é dito em sua presença, como sabem fazer até mesmo os homens do mais baixo grau de intelecto). O segundo teste é o fato de que, embora tais máquinas pudessem executar muitas coisas com igual ou talvez maior perfeição do que qualquer um de nós, sem dúvida elas falhariam em outras – seria possível notar que não agiram com base no conhecimento, mas apenas no condicionamento causado pelo arranjo de seus mecanismos. Isso aconteceria porque, enquanto a razão é um instrumento universal igualmente disponível em todas as ocasiões, os mecanismos necessitam de uma disposição específica para cada ação; portanto é moralmente impossível que exista em qualquer máquina uma diversidade suficiente de mecanismos para lhe permitir agir em todas as ocorrências da vida da mesma forma como a nossa razão nos permite.

De novo, por meio desses dois testes podemos igualmente saber a diferença entre seres humanos e animais. É altamente digno de nota que não existem homens tão estúpidos e idiotas (sem sequer excluir os loucos), que sejam incapazes de juntar palavras e, assim, construir uma frase pela qual possam fazer seus pensamentos serem compreendidos. Por outro lado, também é digno de nota que não existe outro animal capaz de fazer o mesmo, por mais perfeito ou feliz que seja. Essa incapacidade não acontece pela falta de órgãos, pois observamos que pegas[8] e papagaios conseguem pronunciar palavras como nós, mas ainda assim são incapazes de falar como nós (isto é, mostrar que entendem o que dizem). Considere, ainda, que os homens nascidos surdos e mudos são privados dos sentidos que servem para os outros conseguirem falar (tanto ou mais que os brutos) e têm o hábito

---

8 Pega: uma espécie de ave reconhecida por sua inteligência. É um dos poucos animais não humanos capazes de reconhecerem a si mesmos em um teste do espelho. [N. T.]

de inventar espontaneamente certos sinais, pelos quais revelam seus pensamentos àqueles que lhes costumam fazer companhia e têm tempo livre para aprender a língua[9]. Isso prova não apenas que os animais têm menos razão que os seres humanos, mas que não têm alguma: vemos que muito pouco é necessário para saber falar e que, notando certa desigualdade entre animais da mesma espécie (bem como entre os homens) e observando como

---

9 Esse pensamento de Descartes hoje já é considerado ultrapassado, podendo até mesmo ser interpretado como um tanto desrespeitoso e preconceituoso em relação às pessoas surdas, posto que não compreende que estas não são mudas (surdez e mudez são deficiências diferentes) e não reconhece de maneira satisfatória o desenvolvimento das línguas de sinais como uma forma legítima de se comunicar. Vale lembrar que, no século XVII, discussões sobre preconceito e inclusão eram bem precárias (para não dizer inexistentes).
[N. T.]

alguns são mais capazes de serem instruídos do que outros, é incrível que o macaco ou o papagaio mais perfeito de sua espécie não seja igual, nesse aspecto, à criança mais estúpida ou, pelo menos, à mais desmiolada, a menos que a alma dos animais seja de uma natureza totalmente diferente da nossa[10]. E não devemos confundir a fala com os movimentos naturais que indicam as paixões e que podem ser imitados pelas máquinas ou manifestados pelos animais; tampouco se deve pensar, como alguns dos antigos, que os animais falam, embora não compreendamos a sua língua. Se fosse esse o caso, uma vez dotados de

---

10 Novamente, a linha de raciocínio de Descartes a esse respeito pode soar bastante desrespeitosa, devendo ser filtrada à luz das limitações de pensamento da época e das visões mais atualizadas sobre o assunto hoje em dia. [N. T.]

muitos órgãos análogos aos nossos, eles poderiam nos comunicar seus pensamentos com bastante facilidade, assim como o fazem com seus semelhantes. É também muito digno de nota que, apesar de existirem muitos animais que manifestam mais diligência do que nós em algumas ações, ainda observamos que os mesmos animais não mostram nenhuma diligência em muitas outras. Assim, o fato de eles se saírem melhor do que nós não prova que eles são dotados de inteligência, pois isso significaria que eles têm maior razão do que qualquer um de nós e poderiam nos superar em todas as coisas. Ao contrário, isso prova que são destituídos de razão; é a natureza que neles age de acordo com a disposição dos seus órgãos, assim como é possível ver, então, que um relógio composto apenas de contrapesos e engrenagens consegue mostrar as horas e medir o tempo com mais exatidão do que nós, com toda a nossa prudência.

Em seguida, descrevi a alma racional e mostrei que ela não poderia de forma alguma ser extraída do poder da matéria (como as outras coisas das quais falei), e sim que deveria ser expressamente criada. Não basta que ela esteja alojada no corpo humano exatamente como um piloto de navio – a não ser talvez para movimentar seus membros –, sendo necessário que esteja unida, e unida mais estreitamente ao corpo, a fim de ter sensações e apetites semelhantes aos nossos e assim constituir um ser humano real. Aqui me detive bastante no tema da alma, porque é um dos mais importantes – depois do erro daqueles que negam a existência de Deus (algo que penso já ter refutado o suficiente), não há nada que afaste mais as mentes fracas do caminho certo da virtude do que imaginar que a alma dos animais é da mesma natureza que a nossa e que, consequentemente, assim como moscas e formigas, não temos nada a temer ou esperar depois desta vida. Em vez disso, quando sabemos até que ponto as diferenças existem, compreendemos muito melhor as razões que provam que nossa alma é de natureza totalmente independente do corpo e que, como resultado, não está sujeita a morrer com ele. Assim, somos naturalmente levados a julgar que nossa alma é imortal pelo fato de não identificarmos outras causas capazes de destruí-la.

PART

E VI

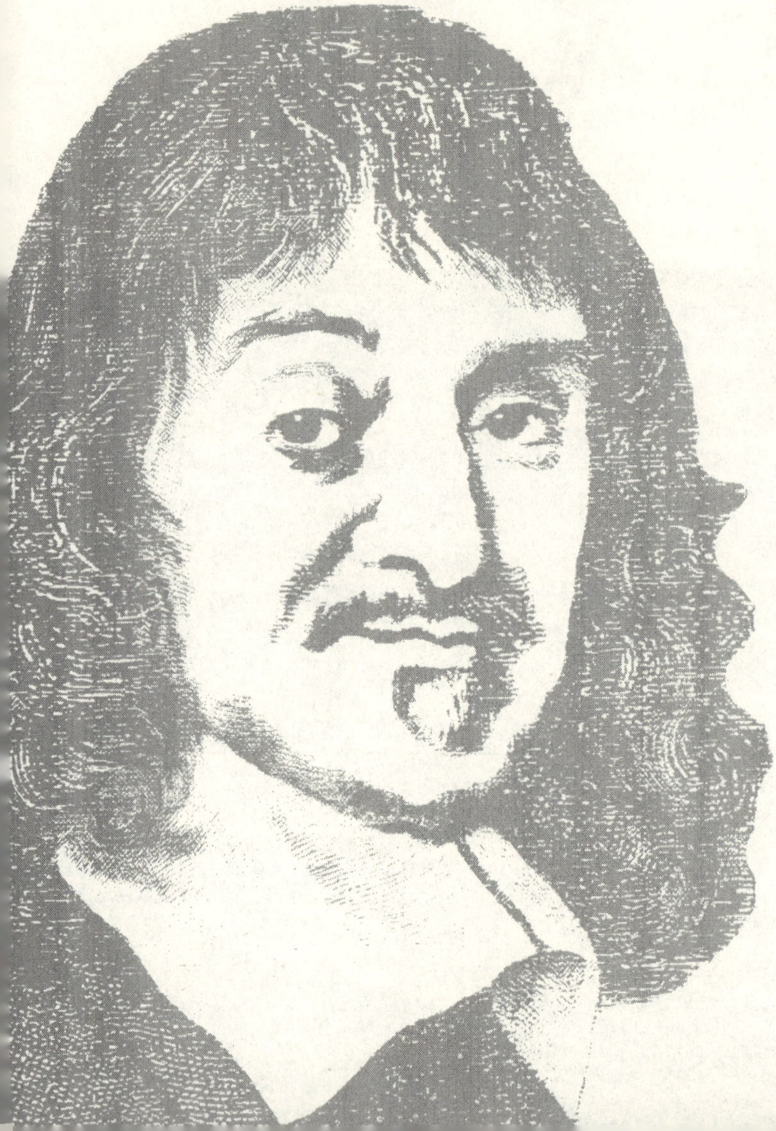

Já se passaram três anos desde que terminei o tratado que contém todos esses assuntos, e eu estava começando a revisá-lo a fim de entregar para a impressão quando descobri que as pessoas a quem me refiro muito e cuja autoridade sobre minhas ações não é menos influente do que minha própria razão sobre meus pensamentos haviam condenado certa doutrina de Física publicada pouco tempo antes por outro indivíduo. Não digo que aderi a essa teoria, mas apenas que, antes de ter sido censurada, não observei nela nada que me possibilitasse imaginar ser prejudicial para a religião ou para o Estado – nada, portanto, que me impedisse de escrever sobre ela se a razão me tivesse persuadido de sua verdade. Isso me levou a temer que entre minhas próprias doutrinas também pudesse ser encontrada alguma na qual eu tivesse me afastado da verdade, apesar do grande cuidado que sempre tomei para não acreditar em opiniões das quais não tivesse demonstrações mais certas e para não dar a escrever nenhum que pudesse prejudicar alguém. Essa questão foi suficiente para me fazer mudar o propósito de publicá-lo, porque, embora fossem muito fortes os motivos pelos quais fui levado a tomar essa decisão, minha tendência (que sempre me fez detestar o ofício de escrever livros), me permitiu descobrir motivos suficientes para encontrar desculpas e, assim, não empreender essa tarefa. De todos os lados, essas razões são tamanhas que não é apenas do meu interesse dizê-las aqui; talvez seja de interesse do público conhecê-las, talvez.

Nunca dei muita atenção ao que vinha de minha própria mente e, embora não tenha obtido nenhuma outra vantagem do método que utilizo (além de me satisfazer em algumas dificuldades pertencentes às ciências especulativas) e eu tentasse regular minhas condutas de acordo com os princípios que a moral me ensinou, nunca me considerei obrigado a publicar qualquer coisa a respeito do Método. No que diz respeito à moral e às boas maneiras, todos concordam muito com o fato de que poderiam ser encontrados tantos reformadores quanto chefes se alguém fosse autorizado a assumir a tarefa de consertá-los, exceto aqueles a quem Deus constituiu os governantes supremos de seu povo ou a quem Ele deu graça e zelo suficientes para serem profetas e para promover a mudança em qualquer sentido. Embora minhas especulações me agradassem muito, eu acreditava que os outros também tinham algumas que talvez agradassem mais. Assim que adquiri algumas noções gerais a respeito de Física e comecei a experimentá-las em diversas dificuldades particulares, percebi até onde elas podem nos levar e até que ponto diferem dos princípios que foram usados até o presente, acreditando que não poderia mantê-los escondidos sem pecar gravemente contra a lei que nos obriga a procurar, tanto quanto estiver ao nosso alcance, o bem geral da humanidade. Esses princípios me fizeram ver que é possível chegar a conhecimentos muito úteis para a vida e que, no lugar da Filosofia especulativa ensinada nas escolas, podemos descobrir uma prática por meio da qual, conhecendo a força e a ação do fogo, da água, do ar, das estrelas, dos céus e de todos os outros corpos que nos rodeiam (tão claramente quanto conhecemos os vários ofícios de nossos artesãos), poderíamos também aplicar isso da mesma maneira a todos os usos aos quais são adequados, tornando-nos, assim, senhores e possuidores da Natureza. Isso é desejável não só para a invenção de uma infinidade de artes, pelas quais podemos desfrutar, sem qualquer problema, dos frutos da terra e de todas as suas comodidades, mas também e especialmente para a preservação da saúde, que é, sem dúvida, de todas as bênçãos desta vida, primordial e fundamental, pois a mente depende tanto da condição e da relação dos órgãos do corpo que, se algum dia for possível encontrar algum meio de tornar os homens mais sábios e mais engenhosos do que o são até agora, acredito que é na Medicina que se deve procurá-lo. É verdade que a ciência da Medicina, tal como existe no momento, contém poucas coisas cuja utilidade seja notável; porém, sem qualquer intuito de desvalorizá-la, estou confiante de que não há alguém, mesmo entre aqueles que a professam, que não admita que tudo o que conhecemos atualmente não é quase nada em comparação com o que resta a descobrir. Também acredito que poderíamos libertar-nos de uma infinidade de doenças do corpo e da mente, e talvez também da debilidade advinda com a velhice, se tivéssemos conhecimento suficientemente amplo de suas causas e de todos os remédios que a Natureza nos proporciona. Mas, como minha ideia é dedicar toda a minha vida em busca de uma ciência tão necessária e encontrei um caminho que me parece tal que, se alguém o seguir, inevitavelmente alcançará o fim desejado, a menos que seja impedido pela brevidade da vida ou pela falta de experiências, julguei que não poderia haver medida mais eficaz contra esses dois impedimentos do que se eu comunicasse fielmente ao público todo o pouco que eu mesmo poderia ter encontrado e convidasse as mentes certas para tentar ir mais longe, contribuindo, cada um de acordo com sua inclinação e capacidade, para as experiências que deveriam ser realizadas e ainda informando o público que seria possível aprender – para que até os últimos iniciantes ou aqueles que os precederam tivessem concluído – e, assim, conectando as vidas e os trabalhos de muitos, coletivamente poderíamos ir muito mais longe do que qualquer indivíduo.

Em relação aos experimentos, observei também que eles se tornam sempre mais necessários quanto mais avançado for o conhecimento. Para começar, é melhor fazer uso apenas daquilo espontaneamente apresentado aos nossos sentidos e que não podemos ignorar, desde que façamos alguma reflexão, em vez de nos preocuparmos com coisas mais incomuns e recônditas. A razão para isso é que os mais incomuns muitas vezes só nos enganam, enquanto as causas dos mais comuns ainda são desconhecidas. Além disso, as circunstâncias das quais dependem são quase sempre tão especiais e minuciosas que são altamente difíceis de detectar. Mas adotei a seguinte ordem: primeiro, tentei encontrar os princípios gerais, ou as causas primeiras, de tudo o que existe ou pode existir no mundo, sem levar em consideração para esse fim nada além do próprio Deus, que o criou, e sem educá-los de nenhuma outra fonte que não seja de certas sementes de verdades naturalmente existentes em nossas almas. Em seguida, examinei quais eram os primeiros e mais comuns efeitos que poderiam ser deduzidos dessas causas, e parece-me que, dessa forma, encontrei céus, estrelas, uma Terra, e até mesmo terra, água, ar, fogo, minerais e algumas outras coisas que de todas são as mais comuns, simples e, portanto, fáceis de saber. Quando quis chegar às questões mais específicas, tantos objetos diversos se apresentaram diante de mim, que acreditava ser impossível para a mente humana distinguir as formas ou espécies de corpos que estão sobre a Terra de uma infinidade de outros que poderiam estar lá, se fosse a vontade de Deus colocá-los lá ou, consequentemente, aplicá-los para nosso uso, a menos que cheguemos às causas através de seus efeitos e nos aproveitemos de muitos experimentos particulares. Então, revisando em minha mente os objetos que já foram apresentados aos meus sentidos, atrevo-me a afirmar que nunca observei nenhum que não pudesse explicar satisfatoriamente pelos princípios descobertos. Mas é necessário, também, confessar que o poder da Natureza é tão amplo e vasto – e esses princípios, tão simples e gerais –, que quase não observei um único efeito particular que não possa reconhecer de imediato como capaz de ser deduzido no homem de diferentes modos. E minha maior dificuldade costuma ser descobrir de qual dessas maneiras o efeito depende, pois não posso sair dessa dificuldade de outra maneira que não seja buscando novamente certas experiências, as quais são tais que seu resultado não é o mesmo se precisarmos explicá-lo por um desses modos. Quanto ao resto, parece que estou agora em condições de discernir com suficiente clareza que caminho deve ser tomado para aproveitar ao máximo os experimentos que podem ser usados para esse fim. Ao mesmo tempo, percebo também que eles estão em quantidade tão grande que nem minhas mãos, nem meus rendimentos seriam suficientes, mesmo se fossem mil vezes maiores do que são. Assim, conforme eu tenha meios de fazer mais ou menos experimentos, na mesma proporção farei maior ou menor progresso no conhecimento da Natureza. Isso era o que eu esperava tornar conhecido pelo tratado que escrevi, exibindo com muita clareza a vantagem que daí resultaria para o público, a ponto de induzir todos os que têm no coração o bem comum do homem – isto é, todos virtuosos na verdade, não apenas na aparência ou na opinião –, tanto para me comunicar o que já fizeram, quanto para me ajudar no que ainda precisa ser feito.

Contudo, desde então, outros motivos me fizerem mudar de opinião e pensar que deveria, de fato, continuar me comprometendo a escrever todos os resultados considerados de alguma importância, à medida que descobriria a verdade e dedicaria o mesmo cuidado se fosse minha intenção publicá-los, para ter ainda mais oportunidade de examiná-los bem, pois sem dúvida sempre olhamos mais de perto aquilo que acreditamos que será lido por muitos em comparação com aquilo que escrevemos apenas para nosso uso privado. Com frequência, o que me pareceu verdadeiro quando o concebi pela primeira vez pareceu falso quando comecei a registrá--lo por escrito, e assim não perdi nenhuma oportunidade de promover os interesses do público, tanto se eu for capaz, quanto se meus escritos tiverem algum valor – aqueles que ficarem com esses escritos após minha morte poderão dar-lhes o uso que considerarem mais apropriado. Decidi que não deveria de modo algum consentir com a publicação desses materiais durante minha vida para que as oposições, as controvérsias e a reputação que pudessem surgir não fossem de qualquer natureza e não me afetassem nem me fizesse perder o tempo reservado para meu próprio aperfeiçoamento. Embora seja verdade que cada um é obrigado a promover o bem dos outros, na medida de sua capacidade (e que ser útil a ninguém é realmente ser inútil), também é verdade que nossos cuidados devem estender-se além do presente, e é bom omitir o que talvez traga algum lucro aos vivos, quando temos em vista a realização de outros fins de maior vantagem para a posteridade. Na verdade, quero que as pessoas saibam que o pouco que aprendi até agora não é quase nada em comparação com aquilo que ignoro, e não me desespero para poder conhecê-lo. Acontece o mesmo com aqueles que gradualmente descobrem a verdade nas Ciências, como acontece com aqueles que, quando enriquecem, encontram menos dificuldade em fazer grandes aquisições do que antes enfrentavam quando eram pobres, adquirindo quantias muito menores. Ou podemos compará-los aos comandantes de exércitos, cujas forças geralmente aumentam em proporção às suas vitórias, que precisam de maior prudência para manter unido o restante das suas tropas após uma derrota do que após uma vitória para tomar cidades e províncias. É uma verdadeira batalha tentar superar todas as dificuldades e os erros que nos impedem de alcançar o conhecimento da verdade, e é uma batalha receber uma opinião falsa sobre um assunto geral e importante. A partir disso, é preciso ter muito mais habilidade para recuperar sua posição anterior do que para fazer grandes avanços quando estiver na posse de princípios completamente apurados. Quanto a mim, se consegui descobrir quaisquer verdades nas Ciências (e espero que o que está contido neste volume demonstre que encontrei algumas), posso afirmar que elas são apenas as consequências e os resultados de cinco ou seis dificuldades principais que superei e, como em batalhas, nas quais tive a sorte ao meu lado. Não hesitarei nem mesmo em dizer que só acho preciso vencer mais duas ou três batalhas semelhantes para a realização completa de meus planos. Minha idade não está tão avançada, então, de acordo com o curso normal da Natureza, ainda posso ter lazer suficiente para esse fim. De toda forma, creio que quanto mais obrigado a poupar o tempo que me resta, maior será a minha esperança de poder empregá-lo corretamente; e sem dúvida eu teria muitas oportunidades para perdê-lo caso publicasse os fundamentos de minha (meta)física. Afinal, embora eles sejam quase todos tão evidentes, que basta ouvi-los para crê-los, e embora não haja nenhum em relação ao qual eu não sou capaz de dar demonstração, ainda assim prevejo que frequentemente seria desviado de meu grande desígnio, por ocasião da oposição que eles com certeza despertariam, uma vez que é impossível estarem de acordo com todas as diversas opiniões dos outros.

Podemos dizer que tais oposições seriam úteis tanto para me tornar consciente dos meus erros, quanto para levar outras pessoas a uma compreensão completa dessas falhas, se minhas especulações contiverem algo de valor. Como muitos podem ver melhor do que um, é possível liderar quem está agora começando a se valer de meus princípios para me ajudar, por sua vez, com suas descobertas. Entretanto, apesar de reconhecer minha extrema propensão ao erro e quase nunca confiar nos primeiros pensamentos que me ocorrem, a experiência que tive de possíveis objeções às minhas opiniões impede-me de antecipar qualquer benefício delas. Já tive provas frequentes dos julgamentos, tanto daqueles tidos como amigos quanto de alguns outros para quem pensei ser objeto de indiferença, bem como também de alguns cuja malignidade e inveja eu conhecia com afinco o suficiente para descobrir a parcialidade oculta aos olhos dos meus amigos. Raramente, porém, aconteceu de alguma coisa me ter sido contestada sem que eu mesmo tivesse previsto, a menos que fosse algo muito distante do meu objeto de análise. Assim, nunca encontrei um único crítico de minhas opiniões que me parecesse mais rigoroso ou imparcial do que eu. Também nunca observei que alguma verdade antes desconhecida tenha sido trazida à luz pelas disputas que ocorrem nas escolas, porque, enquanto todos tentam vencer, esforçamo-nos muito mais em afirmar a plausibilidade do que em pesar as razões de ambos os lados da questão. Assim, aqueles que foram bons advogados por muito tempo não serão, posteriormente, os melhores juízes.

Para bem conduzir a razão e buscar a verdade na ciência

Quanto à vantagem que outros obteriam da comunicação dos meus pensamentos, ela não poderia ser muito grande, em especial porque ainda não os processei por não restar muito a acrescentar antes que possam ser aplicados na prática. Creio que posso dizer sem vaidade que, se há alguém capaz de levá-los a cabo até esse ponto, esse alguém deve ser eu mesmo, ninguém mais; não que não haja no mundo muitas mentes incomparavelmente superiores às minhas, mas conseguimos apreender uma coisa melhor (e torná-la sua) quando nós mesmos a descobrimos, em vez de a aprendermos com outra pessoa. Isso é tão verdadeiro em relação ao presente assunto que, embora eu tenha frequentemente explicado algumas de minhas opiniões a pessoas de muita perspicácia (e, enquanto falava, elas pareciam ouvir e entender muito bem), observei que, quando elas repetiam o que havia sido dito, quase sempre alteravam os aprendizados, a ponto de eu não conseguir mais reconhecê-los como meus. A propósito, fico feliz em aproveitar a oportunidade para pedir à posteridade que nunca acredite em boatos de que algo procedeu de mim sem que isso tenha sido publicado por mim mesmo. Não estou nem um pouco surpreso com as extravagâncias atribuídas aos antigos filósofos, cujos escritos não temos. Por essa razão, não suponho que seus pensamentos tenham sido realmente absurdos e irracionais, visto que eles estavam entre as melhores mentes de seu tempo; assim, o que pensavam nos foi apenas comunicado de um jeito ruim. Percebemos, também, que foram raros os casos de algum de seus discípulos tê-los superado, e tenho certeza de que os mais devotados seguidores atuais de Aristóteles se considerariam felizes se tivessem tanto conhecimento da Natureza quanto seu mestre, mesmo que isso acontecesse com a condição de nunca alcançarem níveis mais elevados. Nesse aspecto, eles são como a hera, a qual nunca se esforça para subir acima da árvore que a sustenta e a qual frequentemente retorna para baixo quando atinge o topo. Parece que eles também afundam, ou seja, tornam-se menos sábios do que seriam se abandonassem o estudo; não contentes em saber tudo o que é inteligivelmente explicado em seu autor, desejam além disso encontrar nele a solução para muitas dificuldades sobre as quais ele não diz uma palavra e talvez nunca tenha pensado. Sua maneira de filosofar, entretanto, é adequada para pessoas cujas habilidades estão abaixo da mediocridade, pois a obscuridade das distinções e dos princípios de que se valem lhes permite falar de todas as coisas com tanta confiança, que é como se realmente as conhecessem, defendendo tudo o que dizem sobre qualquer assunto contra os mais sutis e hábeis sem nenhum meio de convencê-los. Desse modo, parecem cegos que, para lutar em igualdade de condições com pessoas que enxergam, deveriam tê-las feito descer ao fundo de uma caverna intensamente escura. E posso dizer que é do interesse deles que eu me abstenha de publicar os princípios da filosofia de que utilizo: sendo estes muito simples e evidentes, eu deveria, ao publicá--los, fazer o mesmo que faria se abrisse as janelas e permitisse que a luz do dia entrasse na caverna em que os combatentes haviam entrado. Mas nem mesmo os homens superiores têm motivos para grande ansiedade em conhecer tais princípios, pois, se o que desejam é ser capazes de falar sobre todas as coisas e adquirir a reputação de estudiosos, alcançarão seu objetivo mais facilmente permanecendo satisfeitos com a aparência da verdade (a qual pode ser encontrada sem muita dificuldade em todos os tipos de assuntos) do que procurando a própria verdade, que se revela devagar e apenas em alguns departamentos, enquanto nos obriga a livremente confessar nossa ignorância quando temos que falar de outros. Se, no entanto, preferirem o conhecimento de algumas poucas verdades à vaidade de parecer não saber nada (conforme é sem dúvida preferível) e se decidirem seguir um caminho semelhante ao meu, não necessitam para isso de que eu diga algo mais do que já disse neste discurso. Se forem capazes de fazer um progresso maior do que fiz, serão muito mais capazes de descobrir por si mesmos tudo o que acredito ter encontrado, visto que, como nunca examinei nada a não ser de forma ordenada, é certo que o que ainda resta a ser descoberto é por si só mais difícil e recôndito do que aquilo que já fui capaz de encontrar, e a gratificação seria muito menor em aprendê-lo de mim do que em descobri-lo por si mesmos. Além disso, o hábito que adquirirão, de buscar primeiro o que é fácil e depois avançar lenta e gradualmente até o mais difícil, irá beneficiá-los mais do que todas as minhas instruções. Assim, no meu caso, estou convencido de que, se tivesse aprendido desde a minha juventude todas as verdades sobre as quais desde então procurei demonstrações e as tivesse aprendido sem esforço, talvez nunca tivesse conhecido outras, e eu ao menos nunca teria adquirido o hábito e a facilidade que penso ter de descobrir sempre novas verdades à medida que me dedico a buscá-las. Em outras palavras: se há algum trabalho no mundo que não possa ser tão bem concluído por outra pessoa quanto por aquele que o iniciou, é aquele em que eu trabalho.

No que diz respeito às experiências que podem conduzir a esse fim, de fato é verdade que um homem não está à altura da tarefa de fazer todas elas, mas ainda assim não pode aproveitar-se vantajosamente, nesse trabalho, de outras mãos além das suas, a não ser as de artesãos ou de pessoas a quem ele poderia pagar e a quem a esperança de ganho (um meio de grande eficácia) poderia estimular a precisão no desempenho do que lhes foi prescrito. Quanto àqueles que, por curiosidade ou desejo de aprender por vontade própria, talvez ofereçam ajuda (apesar de que, em geral, suas promessas excedam o resultado e de que só esbocem propostas bonitas que nunca dão certo), eles sem dúvida esperarão ser compensados com a explicação de algumas dificuldades ou, pelo menos, com elogios e discursos inúteis, nos quais não podem gastar nenhuma parte de seu tempo sem prejuízo de si mesmos. Quanto às experiências já feitas pelos outros: embora essas partes devam estar dispostas por si mesmas (ainda que quisessem comunicá-las – algo que nunca fariam aqueles que as consideram segredos), as experiências são, em grande parte, acompanhadas de tantas circunstâncias e elementos supérfluos, que tornam extremamente difícil separar a verdade dos seus complementos. Além disso, um homem encontraria quase todos estes tão mal descritos, ou mesmo tão falsos (pois aqueles que fizeram as atividades desejaram ver em apenas os fatos que considerassem compatíveis com seus princípios), que, se houvesse alguns de úteis ao seu propósito, ainda assim não valeria o tempo que necessário para fazer a seleção. Desse modo, caso existisse alguém que certamente soubéssemos ser capaz de fazer descobertas do mais alto tipo e da maior utilidade possível para o público e os outros homens estivessem, portanto, ansiosos por todos os meios para ajudá-lo na execução bem-sucedida de seus desígnios, não vejo que pudessem fazer mais nada por ele além de contribuir para custear as despesas dos experimentos necessários. Quanto ao resto, evite que ele seja privado de seu lazer pelas interrupções inoportunas de qualquer pessoa. Fora isso, porém, não tenho uma opinião tão elevada de mim mesmo a ponto de estar disposto a prometer algo extraordinário, tampouco me alimento de imaginações tão vãs a ponto de pensar que o público deva estar muito interessado em meus projetos. Ao mesmo tempo, não tenho uma alma tão mesquinha que seja capaz de aceitar de alguém um favor do qual se possa supor que eu seja indigno.

Todas as considerações, tomadas em conjunto, foram a razão pela qual durante os últimos três anos não tive vontade de publicar o tratado que tinha em mãos e pela qual até resolvi não publicar durante a minha vida nenhum outro que fosse tão geral (ou a partir do qual os princípios da minha física poderiam ser compreendidos). Mas desde então surgiram duas outras razões que me obrigaram a juntar aqui alguns ensaios específicos e dar ao público algum relato dos meus feitos e desígnios. Dessas considerações, a primeira é que, se eu não o fizesse, muitos que estavam cientes da minha intenção anterior de publicar alguns escritos poderiam ter imaginado que as razões pelas quais me abstive de fazê-lo seriam menos prejudiciais para mim do que realmente são. Apesar de eu não amar excessivamente a glória ou mesmo – se assim posso me aventurar a dizer – apesar de ser avesso a ela à medida que a considero contrária ao repouso (algo que tenho como mais importante do que qualquer outra coisa), nunca tentei esconder minhas ações como se fossem crimes nem tomei muitos cuidados para permanecer desconhecido. Isso se deve, em parte, porque eu pensava que estaria fazendo algo errado, em parte porque me teria ocasionado algum tipo de desconforto – que, mais uma vez, teria sido contrário à perfeita tranquilidade mental que busco. Tendo sempre sido indiferente ao pensamento da fama ou do esquecimento, não consegui evitar adquirir algum tipo de reputação, então pensava que era minha obrigação dar o meu melhor para me salvar pelo menos de ser malfalado. A outra razão que me levou a escrever estes ensaios filosóficos é que estou vendo cada vez mais o atraso sofrido pelo meu projeto de autoinstrução (por falta da infinidade de experimentos dos quais necessito), sendo-me impossível fazer isso sem a ajuda dos outros. Embora eu não me tenha em alta conta a ponto de esperar que o público tenha uma grande participação em meus interesses, ainda não estou disposto a falhar no dever que tenho para comigo mesmo, a fim de dar razão àqueles que sobreviverão e me censurarão algum dia, sabendo que eu poderia ter deixado coisas muito melhores do que eu teria feito se não tivesse deixado de fazê-los compreender como poderiam ter contribuído para a realização de meus projetos.

Pensei que para mim seria fácil selecionar alguns assuntos que não seriam objetos de muita controvérsia nem me obrigariam a expor mais princípios do que eu desejava, ao mesmo tempo que ainda seriam suficientemente claros para exibir o que sou capaz ou não de realizar nas Ciências. Se consegui selecionar isso de maneira satisfatória ou não, não cabe a mim dizer; não desejo evitar os julgamentos dos outros falando pessoalmente dos meus escritos. De toda forma, ficarei contente se eles forem examinados e, para proporcionar maior incentivo para isso, solicito a todos que possam ter alguma objeção a fazer que se deem ao trabalho de encaminhá-las ao meu editor, que me notificará sobre isso. Tentarei anexar minha resposta. Assim, os leitores que virem ambos ao mesmo tempo conseguirão determinar mais facilmente onde está a verdade. Prometo nunca dar respostas prolixas, mas apenas admitir minhas falhas com perfeita franqueza (se eu estiver convencido delas ou se não conseguir percebê-las), simplesmente para declarar o que penso ser necessário para a defesa das questões que escrevi, sem acrescentar a isso nenhuma explicação a respeito de assuntos novos que não sejam necessários para passar indefinidamente de uma coisa para outra.

Se alguns temas dos quais falei no início de *A dióptrica* e *Os meteoros* parecem chocantes à primeira vista (porque os chamo de hipóteses e pareço não ter vontade de comprová-los), peço que tenhamos uma leitura paciente e atenta do todo e espero que fiquemos satisfeitos com isso. Parece-me que os raciocínios estão tão interligados nestes tratados, que, assim como os últimos são demonstrados pelos primeiros (os quais são as causas dos últimos), os primeiros são, por sua vez, demonstrados pelos últimos (os quais são os efeitos dos primeiros). Não se deve imaginar que cometo aqui a falácia que os lógicos chamam de círculo, pois a experiência torna a maioria desses efeitos mais certos; então as causas das quais os deduzo servem não tanto para prová-los nem para explicar a sua existência. Pelo contrário, as causas são provadas pelos efeitos. E só as chamei de hipóteses para que as pessoas saibam que penso ser capaz de deduzi-las daquelas primeiras verdades que já expus. No entanto, decidi expressamente não o fazer, para evitar que eu fosse culpado pelo fato de uma certa classe de pessoas aproveitar a oportunidade para construir alguma filosofia extravagante sobre o que podem considerar como meus princípios. Refiro-me àqueles que imaginam serem capazes de dominar em um dia tudo o que outro levou vinte anos para pensar e construir assim que souberem duas ou três palavras sobre o assunto. Também queria evitar que eles se achassem mais sujeitos ao erro e menos capazes de perceber a verdade na mesma proporção em que são mais sutis e vivos. Quanto às opiniões verdadeira e inteiramente minhas, não ofereço nenhuma desculpa por serem novas. Convencido como estou de que, se suas razões forem bem analisadas, elas serão consideradas tão simples e compatíveis com o bom senso, que parecerão menos extraordinárias e menos paradoxais do que quaisquer outras que possam ser sustentadas sobre os mesmos assuntos; nem sequer me orgulho de ser o primeiro inventor de qualquer uma delas, mas apenas de tê-las adotado – não porque foram mantidas por alguns nem porque não foram mantidas por outros, mas apenas porque a razão me convenceu de sua veracidade.

Embora os artesãos talvez não sejam capazes de executar imediatamente a invenção explicada em *A dióptrica*, não creio que alguém, por esse motivo, tenha o direito de condená-la. É necessário ter habilidade e prática para fabricar e ajustar as máquinas por mim descritas, a fim de não negligenciar o menor detalhe. Então, eu não ficaria menos surpreso se eles tivessem sucesso na primeira tentativa, em vez de alguém um dia se tornar um talentoso intérprete de violão simplesmente por ter excelentes partituras musicais preparadas diante dele. Além disso, se escrevo em francês (a língua do meu país) no lugar de dar preferência ao latim, que é o idioma de meus mestres, é porque espero que aqueles que fazem uso da sua razão natural sem preconceitos sejam melhores juízes das minhas opiniões do que aqueles que dão atenção apenas aos escritos dos antigos. Quanto àqueles que unem o bom senso aos hábitos de estudo (os únicos que desejo como juízes), tenho certeza de que estes não serão tão parciais com o latim, a ponto de se recusarem a ouvir meus raciocínios apenas porque os exponho em língua vulgar.

Para concluir, não quero falar aqui nada muito específico sobre o progresso que espero fazer para o futuro das Ciências, tampouco desejo vincular-me ao público por qualquer promessa que não sei ao certo se serei capaz de cumprir, mas direi apenas isto: resolvi dedicar o tempo que ainda me resta de vida a apenas uma ocupação – tentar adquirir algum conhecimento sobre a Natureza, de maneira a nos permitir deduzir regras de maior certeza acerca da Medicina em comparação com as que estão atualmente em uso. Essa minha inclinação é tão oposta a todas as outras atividades (em especial àquelas que só poderiam ser úteis se prejudicassem outras pessoas), que, se algumas ocasiões obrigaram meu envolvimento nesse tipo de ação, não acredito que eu tenha sido bem-sucedido. Faço aqui uma declaração pública, embora esteja bem ciente de que ela não serve para me tornar considerável no mundo, mas também não desejo sê-lo. Sempre me sentirei mais grato àqueles cujo favor me permite desfrutar de meus momentos de lazer sem interrupção do que a qualquer um que me ofereça os empregos mais honrosos.

Compartilhando propósitos e conectando pessoas
Visite nosso site e fique por dentro dos nossos lançamentos:
www.gruponovoseculo.com.br

<ns

- facebook/novoseculoeditora
- @novoseculoeditora
- @NovoSeculo
- novo século editora

gruponovoseculo.com.br

Edição: 1ª
Fonte: Bell MT